関西の怖い街

京都・大阪・兵庫・奈良・滋賀・和歌山のこわい話

関西怖い街研究会

興陽館

あまりに恐ろしくて見たくないことがそこにはある。

目をそむけても知らずに視界にはいってくる。

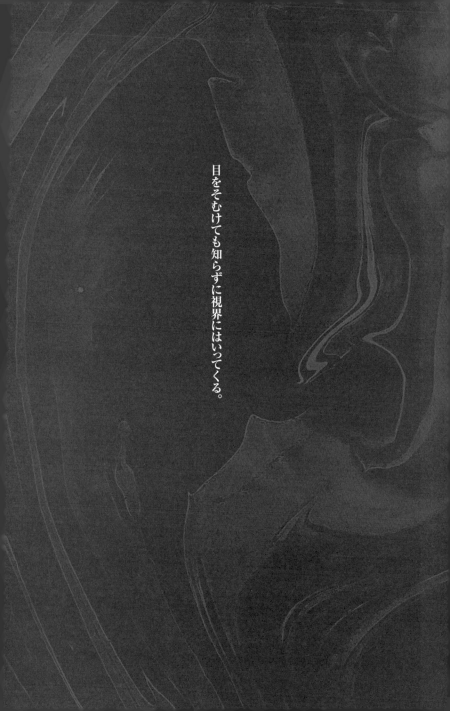

京都、大阪、兵庫、滋賀、奈良、和歌山。

あなたはふとした瞬間、怖さを感じることはないだろうか。
普段と変わらない日常の中で
ふと急に冷たい気配を感じることはないだろうか。
おそらく一見したらありふれた日常の街の中に、
あなたが住んでいるこの街の中に
恐怖は生息していたりする。

この本には関西各地の怖い話をたくさん掲載した。

二府四県──大阪府、京都府、兵庫県、和歌山県、奈良県、滋賀県の
「関西2府4県」の怖い街。
無数の恐怖が蠢いている。
あなたの住む、あなたの旅する、あなたの訪れる、その街にも闇は存在する。
これは関西の怖い街について書かれた本です。

関西の怖い街 目次

大阪府の怖い街

奈良県の怖い街

関西の怖い街

その街には怖い話が潜んでいる！

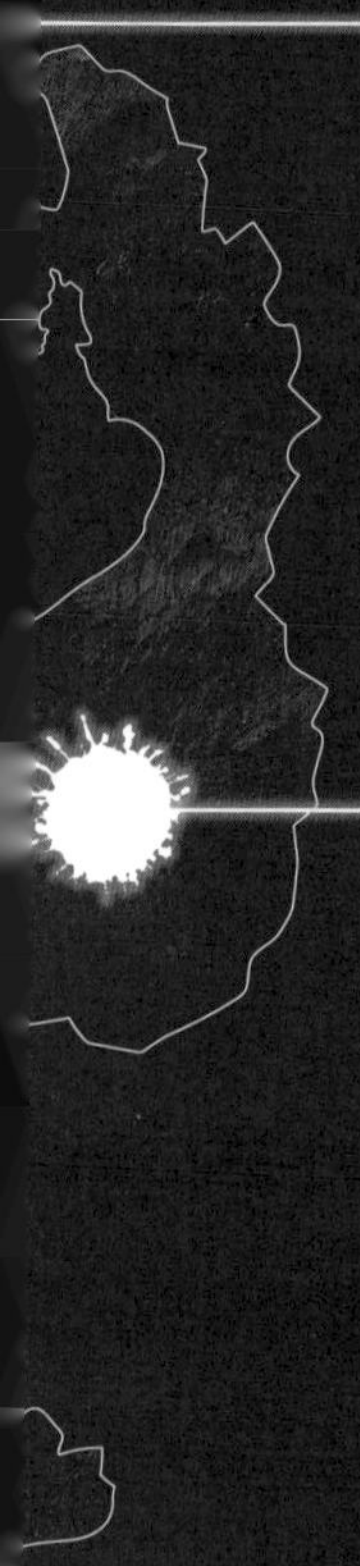

兵庫
129ページ
大阪
65ページ
和歌山
211ページ

関西の怖い街【著者別】

愛葉るび

宇津呂鹿太郎

桜木ピロコ

田辺青蛙

三輪チサ

渡辺裕薫 23

（あいうえお順）

京都府の怖い街

京都府の怖い噂

京都市某所

夢か現実か？　震える出会い

多重夢

これはKさんの奥様（仮にAさんとする）が体験した話。

結婚する前、Kさんは毎週末、京都に住むAさんの家に泊まりに行っていた。

ある朝、洗面所で歯を磨いていると、Aさんが青い顔をしてやって来た。

「すごく怖い夢を見た」

と言う。

最初はああそうかと聞き流したのだが、様子が普段とは違う。あまりに怖がっているので、椅子に座らせ、じっくり話を聞いた。

「夢の中で、先輩と飲んでてん」

Aさんがぽつぽつと話す。

彼女が言う「先輩」というのは、数か月前に亡くなった職場の先輩のことだ。入社したての頃からよくしてくれた、優しい先輩だった。Aさんをとても可愛がってくれ、Aさんもまたよく懐いていたのに――三十代の若さで、帰らぬ人となってしまった。

「先輩と二人で、行きつけの居酒屋で、いつもみたいに飲んで食べて。いっぱいしゃべって、いっぱい笑って」

楽しい時間はあっという間に経ち、時計を見ると終電の時間が迫っていた。

「私、そろそろ帰ります。もうこんな時間やし、先輩も帰りましょう」

Aさんは先輩を促した。

「あー、ごめん。私、もう足がないねん」

先輩が言う。

「いやいや、先輩、近所じゃないですか。一緒に電車で帰りましょうよ」

Aさんが促す。

「いや、ごめん。私、足がないねん。もっとずっと一緒にいよう」

話が噛み合わない。何を言っても、先輩は「足がない」と繰り返すばかり。

何やろ？　とAさんは考えた。足がないなんて、何でそんなことを言うんやろ？

そしてはっとした。

先輩、数か月前に乳がんで亡くなってはるやん。

そこでようやくこれが夢だと気付いた。

そうか、先輩、夢の中で私に会いに来てくれたんや。元気だった頃みたいに、私といっぱい飲んで、いっぱいしゃべりたかったんやな。

いや、むしろ、私が先輩に会いたかったから、夢に見ているのかもしれない。もう一度先輩とこうして飲みたいと思っていたから、夢に見ているのだろう。

だったら――付き合おう、と思った。

「わかりました。先輩、ゆっくり飲みましょう」

「ほんま？　ありがとう」

腰を据えて酒を飲み、じっくり話をした。

やがて寝落ちをするように意識が薄れた。


目が覚めると、見知らぬ部屋のベッドで寝ていた。

まだ夢の続きを見ているのだろうか。

夢から覚めて、また別の夢の中にいるなど、生まれて初めての経験だった。

周囲を見回すと、先輩が居間らしき部屋のローテーブルで、ご飯をついでいる。

先輩がこちらの視線に気付いたらしく、わずかに手にした茶碗を上げてみせた。

「一緒にご飯食べよ」

Aさんはちょっと怖くなった。

これ以上付き合ってはいけないような気がする。早く目覚めなければ。夢よ、覚めて。起きろ、私！　Aさんは懸命に現実世界に戻ろうと頑張った。


やがて意識が薄れ始め、ああやっと目が覚める、これで夢から出られると思った。

気付くと、自分の部屋にいた。

よかった！　と思ったが、妙な違和感がある。

夢の中のように、ふわふわとしたどこか頼りない雰囲気だ。

見慣れたワンルーム――その玄関脇のキッチンで、先輩が料理をしていた。

Aさんは言い知れない恐怖に駆られた。

先輩は何かを刻みながら、ぶつぶつ呟いている。

「足がないねん」

手を洗う。

「足がないねん」

手を拭く。

「足がないねん」

何かするたび、同じ言葉を繰り返す。

Aさんの存在には気付いていないらしい。

怖い。Aさんは大パニックに陥った。

これは自分の意思ではない。先輩に会いたくて見ている夢ではない。逆に先輩の世界に引きずりこまれて、出られなくなっているのではないか。

部屋から出ようにも、玄関に行くには先輩の横を通らなければならない。こちらの存在に気付かれたら、この夢の世界から永遠に抜け出せなくなるかもしれない。

恐怖に足が竦んで動けない。

玄関が無理なら、ベランダから逃げるしかない。すがる思いでベランダに目をやると——。

そこではKさんがBBQをしていた。

これは。

ベランダの外が、私がいるべき世界。今寝ているここは先輩の世界。ベランダの窓が、こちらの世界とあちらの世界の境界線だと思った。

飛び起きて、急いで走ってベランダに向かった瞬間、Aさんは今度こそ本当に目が覚めた。

洗面所で水音が聞こえたので、急いで来たのだと言う。

「夢から覚めたと思ったら夢、そこから覚めたと思ったらまた違う夢の中——このままずっと出られへんのと違うかと思って、めちゃくちゃ怖かった。もし今晩寝て、ずっと夢の中をさ迷い続けることになったら?」

突然死って、そういうこともあるんとちゃうんかな、と怯えていたAさんだったが、今も元気に共に暮らしているそうだ。


（三輪チサ）

木屋町

後悔に苛まれる繁華街 木村男

居酒屋やバーが軒を連ね、毎夜多くの人で賑わう歓楽街、木屋町。活気にあふれた夜の街にも怪異は身を潜めている。

自身に降りかかった恐ろしい体験を詳細に語ってくれたのは三十代男性野田さん（仮名）である。ジメジメとした熱気が身に纏わりつくある年の七月、当時京都の某大学の三回生だった野田さんは友人の後藤さん（仮名）と木屋町の夜を歩いていた。数時間前、彼は失恋して落ち込む後藤さんを飲みに誘い、「死にたい、殺してくれ」と悲観的な言葉を洩らす不幸な友人を励ました。その甲斐あってすっかり立ち直った友人を連れ、野田さんは二軒目を探していたのである。


「おう、木村。久しぶりやな」

雑踏の中から男の声がした。それは木屋町を歩く人間のほとんどが耳にし、そしてその全員がまるで聞こえないかのような素振りで通り過ぎる、いつもの男の声である。浮浪者風のその男は巷で木村男と呼ばれ忌避される存在となっていた。もちろん、奴の呼びかけに返答する者などいるわけがなかった。例に漏れず、私も足早に通り過ぎようとしたまさにその時のことである。

「おう、ほんま久しぶりや」

後藤が木村男に応答した。失恋の辛さも忘れ、酒の力もあってかこの上なく愉快な気分であった彼は、木村として木村男に言葉を返してしまったのである。

「お前まだこの辺うろちょろしとるやろと思って、ずっとここで待ってたんや。行こか」

木村男は初対面であるはずの後藤があたかも木村であるかのように接し、どこかへ連れて行こうとした。湿った段ボールから立ち上がった老人は本当に旧友との再会を果たしたかのように嬉々とした声色で後藤に語りかけた。奴は優しく微笑んで後藤を見つめたが、その瞳は黴が生えたかのように濁っていた。私は目の前の木村男それ自体よりもむしろ実体の見えない木村という存在が恐ろしくて仕方なかった。私は馬鹿なことに首を突っ込んだ友人に念のため確認した。

「おい後藤、まさかついて行く気ちゃうやろな」

「お前まさか、こんな痴呆の老人にビビっとるんか。何かあっても力で負けるわけはないし、木村のふりして従っといたら旨いもんご馳走してもらえるかも知らんやんけ」

数時間前とは打って変わってご機嫌な様子の酔っぱらいには何を言っても無駄なようだった。二人はどこかに向けて歩き始めていた。友人を放って帰るわけにもいかず、仕方なく私も同伴することにした。木村男は後藤扮する木村にだけ話しかけ、私のことはいないものとして扱った。それはいつも私達が奴に対して取る態度とちょうど同じであった。

木村男と後藤は談笑しながら先斗町を歩いた。いつも細路地にあふれんばかりにいる観光客はどこかに消えていた。風の音と先を歩く二人のぼそぼそとした話し声だけが聞こえた。私はなんとなく三人横に並んで歩く気にはなれず、後ろについて歩いていた。二人の交わした会話の内容は途切れ途切れにしか耳に入らなかったが、木村男が木村との思い出話を語り、後藤が木村として相槌を打っていること、そして先斗町に入るときご馳走がいただけることを確信した後藤の満面の笑みが今や青ざめた顔になっていることから木村男の話す思い出の内容が楽しいものではないことは読み取れた。

後藤の腕を引っ張ってでも無理やり逃げた方がよいか、そう考えているとき、前の二人は立ちどまった。そこは飲食店が立ち並ぶなか先斗町内にぽつんと存在する、鴨川を見渡せる公園であった。

「覚えてるか。お前ここで女に振られて、泣きじゃくりながら一思いに殺してくれ言うてなあ。俺が一晩中慰めたったんやで」

血の気が引くのが自分でもわかった。私と後藤の今日の出来事と全く同じだった。

「木屋町の居酒屋で一晩慰めたらすっかり立ち直ってケロっとしてな。もう大丈夫かと思って解散したらその日に首吊って死ぬんやからびっくりしたわ」

鼻をすする音が鳴った。後藤が泣きだした。私は後藤を連れてここから逃げようと嗚咽をあげる後藤の腕をつかんだ。足が震えた。酒のせいではないことだけは確かだった。

「俺はなんでお前の辛い気持ちもっとわかってあげられへんかったんやろうって後悔してんねん。でも今日こうやって再会できたんや。今度こそ立ち直らせたるからな、木村」

後藤が小さく頷いたような気がした。

「後藤はよ動け。逃げるぞ」

力の抜けた友人を引っ張り、全力で走った。振り向くと、木村男は黴の生えた瞳で私を見ていた。後藤ではない。確かに私を見ていた。

「また会えたらええな」


その後、私は一思いに殺してくれと咽び泣く後藤を慰め続けた。しばらくして彼は泣き止んだが、生気は失せたままだった。完全に回復するまでそばで見守ろうと思ったが、さすがに酒を飲む気にはなれなかったので、二十四時間営業のハンバーガーチェーンに入った。最初は目がうつろで会話も簡単な相槌しか寄越さなかった彼も夜が明けるころには回復し、朝限定メニューの販売が終わる時間になると木村男なんて殴ってやればよかったなどと冗談を話すほどまで元通りになった。さすがに私の体力も限界に近かったので解散することにした。念のため後藤を家まで送り、また明日の大学でといって別れた。自宅に帰り私はすぐに布団に潜った。寝られるわけがなかったが、気を紛らわす行動を起こす元気もなかった。木村男の発言が脳内に響いた。

「おう、木村。久しぶりやな」

「お前まだこの辺うろちょろしとるやろと思って、ずっとここで待ってたんや。行こか」

「覚えてるか。お前ここで女に振られて、泣きじゃくりながら一思いに殺してくれ言うてなあ。俺が一晩中慰めたったんやで」

「木屋町の居酒屋で一晩慰めたらすっかり立ち直ってケ

ロっとしてな。もう大丈夫かと思って解散したらその日に首吊って死ぬんやからびっくりしたわ」

私は布団から飛び起きた。時計は午後四時を指していた。五時間近く寝ていたようだった。後藤に電話をかけようと携帯を手に取った瞬間、着信音が鳴った。警察からだった。昨夜の後藤との行動を問われたが、私は話すことができなかった。電話口の警官は事務的な口調で後藤の有様について話し始めた。

後藤は自宅で首を吊って死んでいた。朝、私と別れてからすぐのことだった。

「警察は失恋に思いつめた末の自殺で事件性はないと判断したそうですが、私が木村男について行くのをもっと強く止めていれば、そしてもっと慰めていれば後藤は死なずに済んだんです。私が殺したようなものではないかと今でも後悔しているんです」

「後藤にまた会えたら、完全に立ち直らせて次こそは死なせない。私は木屋町を歩くたびにそう思って後藤を探すんです」

野田さんは最後にそう語った。

優しく微笑む彼の目は濁っていた。

（COCO）

新京極　目の無い子供
今も残るあの手の感触

長年変わらず愛される老舗から流行の最先端を取り扱う新店舗まで様々なお店が集まり、休日には多くの人で賑わう街、新京極。この街には人々を恐怖の世界に引きずり込む一軒のお化け屋敷〈京都怨霊館〉がある。これはスタッフである白田さん（仮名）の身に振りかかった恐ろしい体験である。

その日もその建物ではたくさんの悲鳴が響いていた。恐怖の巣食う空間から脱出した勇敢なお客様たちはみな汗びっしょりで息を切らしていたが、その顔は満足げな表情であった。

日も落ちはじめ、建物がより一層禍々しい雰囲気を醸しはじめたころ、お化け屋敷から出てこられた一組のお客様からあるご報告をいただいた。

「コースの中で親御さんを探す男の子の声が聞こえました

よ。はぐれて迷子になっているんじゃないですか」

それまでに子供をコースの中に置き去りにしてしまったという相談は受けていなかったが、もしも本当にコース内で男の子が迷子になっているのであれば一刻も早く助け出さなければならない。私は一度営業を止め音源や演出を停止させて、スタッフを総動員してコースからバックヤードまで思い当たるところをすべて捜索した。しかし、子供の姿は見当たらなかった。三十分ほど営業を止めていたが、迷子の相談がないことと男の子の姿が見当たらないことからこの件はお客様の空耳だと判断し営業を再開した。

営業再開からしばらくすると、コース内にいる複数の従業員から男の子の声がするという報告が相次いで入った。先ほどのように闇雲に探しても仕方ないと考えた私は、子供の声を聞いたスタッフを集め、なんと喋っていたのか、どこで聞こえたのかを尋ねた。するとスタッフたちは、声の内容はどれも誰かを探すもので、その口調は明るくどこか楽しげだったと言う。

「どこ、もっと大きな声出して」

「ねえ、どこか分かんないよ、どこってば」

声を聞いた場所はお化け屋敷の場内様々な場所に点在していたが、私はそれに一つの共通点を見出した。その共通点とは、効果音を流す音源としてスピーカーを設置している場所であるということだった。つまり、まず初めにお客様が空耳をし、その情報に影響を受けた従業員が音源から流れる音声を男の子の声と勘違いしてしまったというのがこの事件の真相であった。あまりに呆気ない真実に笑いながら、私はスタッフとともにお化け屋敷場内に戻った。

「では、営業終了までもう少しの間よろしくお願いします」

気を引き締めなおそうと私が少し大きな声で言ったそのとき、

「あ、いたいた」

背後から子供の声が聞こえたのと同時に、私の左手が小さな冷たい手に握られた。私の手を握ったのは、火傷を負ったようにただれた皮膚で両目が塞がった男の子であった。私が驚きと恐怖のあまり固まっていると、その子はどこか落胆した様子で、

「なんだ、全然違うじゃん」

そう言ってどこかへ去っていった。

目が塞がってしまった彼は音を頼りにずっと誰かを探し回っていたのだろう。探し求めていた相手に出会えていれば良いのだが……

（ＣＯＣＯ）

京都市某所
重なり合う声の恐怖!
留守番電話

京都にある大学に通っていた三浦さんがその当時住んでいたのは、京都市内にあるアパートだった。

ある日のこと、彼が帰宅すると、自宅にある固定電話のランプが点滅していた。留守番電話に録音があったことを示すものだ。

しかし、それを見ても三浦さんは何も録音されていないだろうなと思った。なぜなら、その当時はちょうど携帯電話が普及し始めた頃で、携帯電話への通話料がまだ高かった。そのため、誰かに電話をする際は、通話料が安い固定電話に電話をしてみて、もしそれに誰も出なければ、携帯電話の方に電話をするということをやっている人が多かったのだ。だから、固定電話にかけて、それが留守番電話になった場合、かけた人はメッセージを残すことなく、携帯電話にかけ直すため、留守番電話の録音は無言のままに切られることがほとんどだった。

だからこそその時も、再生してもどうせ無言で電話を切る音しか録音されてないんだろうと高を括っていたのだ。

ところが、留守番電話のメッセージを再生してみると、意外にも誰かの声が入っていた。異様に甲高い老婆の声だ。


「もしもし? ヒロコちゃん?」

三浦さんは男であり、名前はもちろんヒロコではない。明らかに間違い電話だ。しかしこれは録音であり、そのことを伝えることは出来ない。録音は更に続いた。

「ヒロコちゃん、染田さんが死んだの」

それも誰のことか分からない。気持ち悪い電話だなあと思いつつも、続きを聞いた。

「お通夜は一時からで、私もう行かなきゃいけないんだけどお」

声の主はそんな風にマイペースに話し続ける。その横から、また別の声が聞こえた。

「ねえ、あのバッグどこだっけ? あの靴どこだっけ?」

こちらも老婆だ。先の声と同様に甲高い。最初の老婆が先ほどと同じ調子で答える。

「バッグはあっちの部屋にあるでしょ。靴は下駄箱の中、ちゃんと見たの?」

そこに三人目の老婆が割って入った。

「もう行くわよお」

やはり声が異様に甲高い。

「ちょっと待って、まだ私準備が出来てないんだから」

「もう行かないと間に合わないわよお」

「ちょっと二人とも、私今ヒロコちゃんに電話してるんだから静かにしてよお」

「でも早く行かないと」

こんな調子で、甲高い声の老婆が三人ぺちゃくちゃと喋っている声がずっと入っていた。その会話は、留守番電話の録音可能時間いっぱいまで続き、やがてこれ以上録音できないことを示すピーという音がして止まった。時間にして約一分。

三浦さんはしばらく呆気に取られてその場に立ち尽くした。あまりに気味の悪い録音メッセージである。

そしてもう一つ、聞きながらずっとあった違和感の正体に気が付いて、三浦さんは改めてゾッとした。

この会話の内容から推測するに、電話をかけてきた老婆はヒロコという女性（孫だろうか？）に対して、染田という人物の死を知らせている。その同じ部屋で、慌てながら通夜に向かう準備をしているもう一人の老婆がいる。更にもう一人、玄関にいる老婆が早く行こうと二人を急いでいる。そんな光景が想像された。

だがもしそうなら、三人の声は大きかったり小さかったり、距離感がそれぞれ違うはずだ。電話である以上、相手は受話器を持って、それに口を近づけて話す。もし相手が受話器から離れた場所で話したとしたら、それなりの距離感が出るはずなのである。ところが、この録音を聞く限り、三人の老婆の声の距離感は全く同じで、どれも受話器のすぐ近くで同じ声量で話しているようにしか聞こえないのだ。ということは、三人の老婆は一つの受話器に口を近づけて、喋っていることになる。それぞれが喋っている内容から想像できる状況と合わないのだ。少なくとも後から会話に入ってきた二人の老婆は、電話の向こうにいる三浦さんにではなく、その場にいる別の老婆に対して喋っている。ならばそこで交わされている会話は全て演技なのか、ない。ならばそこで交わされている会話は全て演技なのか、それともそのような状況であるにも関わらず、わざわざ受話器に向かって喋っているのか。いずれにしても、気味の悪い光景である。もう一つ解せないのは、三人の老婆が標準語だった点だ。京都に住んでいる人は京都弁や関西弁を話すものだ。老人などは特にそうである。

三浦さんはもう一度最初から聞いて確かめてみようと、テープを巻き戻してから再生ボタンを押した。しかし、不思議なことに、あの老婆からの電話の録音を見付けることは出来なかった。いくら探しても、もっと前に録音された他のメッセージが流れるばかりで、三人の老婆からのそれはもう二度と聞くことが出来なかった。

（宇津呂鹿太郎）

中京区 その後の人生に難アリ

泊まると死ぬ部屋

京都市中京区のホテルに勤めていたという30代男性Aさんからきいた話。

「シフト制が辛くて辞めました。立ち仕事だし、肉体労働に近い。ちょっと向いてなくて。人間関係はすごくよくて、当時の同僚とは今も友達です。仲がいいから、噂話とか外部に漏れたらダメな話とか流れてくるんですよね。中でもすごいのが、スタッフに言い伝えられてる話です。あのホテル『泊まると死ぬ』っていわれてる部屋があるんですよ」

現在は、京都市内の会社で営業職をしているというAさんは、あくまでも「言い伝えられている話で、自分が勤務していた間には、死人は出ていない」と前置きをして話してくれた。

「高級ホテルではないから、安いツアーのお客様が多いですね。昔からあるホテルだから、色々あったんだろうけど、お客様でとにかく、事件や事故に巻き込まれて亡くなる方が多いらしいんです。病気や老衰じゃなくて、突然の訳ありの死にかた。警察も何度もきてるってきいてます。毎回ホテルには、何の問題もないから大事にならないけど、死んだ人を辿って行くと、近々にあのホテルに泊まってるらしいんですよね。それも、同じ部屋なんです」

その部屋とは、キングサイズのベッドが一台置かれたダブルルーム。窓のすぐ外には空調の室外機があり、お世辞にもいい部屋ではないそうだ。その代わり、部屋の平米が広く、値段が安い。だいたいは大手旅行会社のツアーで抑えられているという。

「僕がきいた話だと、カップルが泊まった後に心中。お婆さんが殺人。会社員の男の人が殺人。もう一人、男の人が殺されたっていうのもきいてます。後は自動車事故とか。みんな、泊まっていたのがその部屋なんだそうです。その部屋自体では、死人は一度も出てないんですけどね」

いわく因縁のある部屋なのかたずねてみると、Aさんはこんなことを話してくれた。

「うーん。特にそういう話はきいたことはないですね。お客様たちが亡くなったのも宿泊後だから、その部屋も普通に使ってましたしね。ただ、近くに四つ角の交差点があって、そこで死亡事故が多いっていうのはありますね。泊まると死ぬ部屋から、交差点の白線は見えますよ」

因果関係はまったく分からないが、外部に漏れていないレアな話だからといってきかせてくれた。

（桜木ピロコ）

鴨川　結界の張られたホテル
鬼門の場所なのに、なぜ？

「鴨川沿いの超高級ホテルRわかります？　あれが建つ前ってF観光ってホテルで幽霊が出るので有名だったんですよ。どんなに霊感がない人でも落ち武者の幽霊を視るっていわれていて、芸能人の人もテレビでよく話してた。Rになっても出るのかどうしても知りたくて、私、泊まったんですよね」

大阪在住。高級クラブに勤める30代女性Aさんは霊感持ちだ。中学生くらいから、霊が視え始め、今では夜になると生きている人間か死んでいる霊かの区別がつかないほど、はっきりと視えてしまう。

「そもそも、霊感持ちには京都は鬼門なんです。京都に着くと、空気が重い。昼間はあまり視えないほうだからましなんですけど、観光地のお寺とか神社に行くといるんですよねぇ。それこそ鎧を着ている人もいるし、着物の人もいる。でも、一番多いのは普通の人ですね。現代の人。大阪も多いけど、京都はすごい。霊がいやすい場所なのかな」

Rには、付き合っている彼氏とAさんの誕生日に宿泊した。予約が取りづらいといわれているため、一年前から彼氏が部屋を押さえておいてくれた。霊感があり、Rに幽霊が出るかを確かめたいAさんへの愛の印だ。

「私たちが泊まったのはデラックスタイプのお部屋だったんですけど、部屋には何も出ませんでした。ちょっと出たのは、ホテル内のスパにあるプールの窓の外。窓の外から現代風の女の人がこっちを見てた。セーターを着た60代くらいの人でしたね。あれは間違いなく幽霊です。F観光でよく視られてたのは、落ち武者なんですよ。落ち武者はいませんでした。というか、ホテルの中、たぶんものすごく強い結界が張られてると思う。だって、京都なのに、重い感じとか怖い感じが一切ないんですよ。そんなこと普通じゃあり得ない。Rの中だけ、別次元のいい空気。あれは相当力の強い人がかかわってるんだと思いますね。やっぱり高級なところはそういうところまでしっかりしてるんでしょうね」

どんな霊能者がどんなことをしたのか分かるかとAさんにきいてみたが「私は視えるだけでそういうことはよく分からないんです。ただ、陰陽師みたいな家系が本当にあることは知っています」とのことだった。

（桜木ピロコ）

四条通り
劇場に集まる影たち
旧京都花月

京都市内はかつて都があったという事から、その時代時代の権力の移り変わりに巻き込まれて来た。その名残りが現在も街の並びに見られている。

その中で最も賑やかな場所として、京都内外からたくさんの人々が集まるのが、四条通り界隈である。風致地区らしくビルの高さ制限もあって、他の街に比べて空が高く感じられるため、散策するにはとても良い環境である。

最寄りの駅は阪急電車・京阪電車・京都市営地下鉄があり、交通の便利も良くて、寂しい場所などとは無縁であるのだが…此処にも怪現象が起こるいわくある土地は存在するのだ。

四条通りから南北に抜ける新京極通りを北に少し進んだ右手に商業ビルがある。此処はかつて、吉本興業が直営していた《京都花月》という劇場があった。元は芝居小屋があったのを1936年に吉本興業が買収して跡地に漫才を出し物の中心にした劇場が建設されたが戦争によって芸人が不足したまま終戦を迎えるも、1946年に洋画専門の映画館になりつつも、楽屋が残されていた関係で、たまに吉本興業所属の歌手による実演のショーが開催されていたが、日本映画が娯楽の王様として君臨する勢いに乗る形で東映の新作封切り館となった。その後テレビが台頭するに合わせて吉本興業が演芸に力を入れ出したため、1962年に再び演芸専門の劇場として漫才・落語・奇術だけでなく《吉本新喜劇》の公演や舞台中継をおこなうようになり、吉本興業の京都に於ける寄席興業の要となっていく。しかし、1987年には大阪ミナミに《なんばグランド花月》という新しい劇場が開館するタイミングで京都花月は閉館となり、老朽化も問題視されていたために建物は取り壊され、現在の《京都吉本ビル》へと変貌を遂げた。

その京都花月だった頃には、出演者である吉本芸人たちが楽屋で起きる怪現象を体験しているのである。ある者は楽屋で出番の合間にうとうとと昼寝をしている時に胸が締め付けられようになって目が覚め、ある者は金縛りにあっている。冷蔵庫の裏に薄っぺらになった人影が入っていくのを見た者もいる。長い歴史を刻んだ演芸場らしく、その舞台を踏んでいた芸人が亡くなった後に葬式など供養が済んで暫くすると舞台袖に姿を現したかと思うと舞台への消えていくという現象も目撃されていたという。落語家生活50年以上となる桂文福氏は「楽屋が半地下みたいなとこにありまして、あまりに湿気が凄いので窓を開けますねん。そうしたら目の前にお墓が立ち並んでますねん。劇場の裏が大きな墓地なんですわ。となりにはお寺がありましたし、何か雰囲気のあるとこに京都花月はあったんです。だから、芸人みな何かしらの不思議な体験してましたわ。明石家さんまちゃんも言ってましたし」と当時の様子を証言する。

劇場の立地に何かいわくあるような印象を受けるのだが、辺りは歴史を遡ると豊臣秀吉公の時代に、この地に寺が集められたのである。その数80以上ともいわれており、新京極通りより西に1本入った通りが《寺町通り》といわれるのはその所以だ。応仁元年（1467年）から文明9年（1477年）まで京を戦場として11年間に渡って起きた内戦である《応仁の乱》は辺りを焦土と化した。元々は貴族が住む屋敷が建ち並んでいた場所に秀吉は寺を移すように命じたのである。当時は京の最も東に位置する場所でもあったので、そこを南北に寺を並べる事で、敵から攻撃を受けた際の壁にしようと考えたともいわれている。また、応仁の乱でそこかしこと散乱していた死体から離れた霊を、たくさんの寺が供養する事にもなったであろうし、そこから漏れてしまった霊は必然的に土地に呪縛されているであろう。京都花月があった場所も以前は寺の一部であったと考えられるが、そこは単なる寺の敷地だったのでは無く、もしかしたら……と考えるのは過ぎた事だろうか。

霊は人が集まる場所を好むともいわれているが、当時、たくさんの人々の笑い声が絶えなかった京都花月に怪現象が起きた事も頷けるというものである。

（渡辺裕薫）

清滝 京都最恐といわれる清滝トンネル
暗闇で暴発する謎の現象

京都出身の知人に関西の怖い場所を聞くと全員が口をそろえて名前を出したのが京都市右京区にある清滝トンネル。

ネットでも「京都の最恐心霊スポット」と名高い場所である。京都ではない周辺の大阪や兵庫出身の知人からも心霊スポットとして清滝トンネルの名前があがった。

肝試しに行ったことがあるという人たちは皆が「あそこはやばい」と言う。

数々の怪奇現象が起こるというそのトンネル。興味深いのはトンネルの入り口にある信号の話だ。清滝トンネルは幅の狭い片側車線のトンネルなので交互通行のために入り口に信号がある。

心霊スポットとしてのルールがあり、清滝トンネルに入る前はこの信号が赤でなくてはいけない。赤信号を待って青信号になったなら問題ないが、最初から青信号だった場合は引き返さなくてはいけない。青信号のままトンネルに入ると心霊現象に見舞われるとされている。

あるタレント活動をしている女性が友人と車で清滝トンネルへ肝試しに出かけた。清滝トンネルに訪れたのは2回目だったのだがそのときはトンネルと信号が見えたときから青信号だった。青信号なことに車内は盛り上がり興味本位でそのまま車を進めたのだ。最初に清滝トンネルを訪れたときは赤信号で、噂通りの怖い雰囲気はあったものの特に異変は起きず普通に帰れたので少し油断していた。青信号で盛り上がったまま車をトンネルの中に進めた2回目。助手席に座っていた彼女はトンネルの出口に差し掛かったときに頭を急に真上から掴まれ後ろに引っ張られたような衝撃を感じた。同時に車を運転していた友人が急ブレーキを踏んだ。

一瞬何が起こったのかわからなかったが、首に激痛が走る。運転していた友人が言うには「目の前に真っ白な光が迫ってきてトラックが向かってきたんだと思ってブレーキを踏んだ」。しかし実際は対向車はおらず車は彼女たちの乗ったその1台だけだった。後部座席には誰も乗っておらず、急ブレーキの直前に感じた頭を髪の毛ごと後ろに引っ張られた感触が何なのかは謎のままであった。首の痛みが治まらず翌日すぐに病院に行ったが頚椎捻挫という診断結果、所謂むち打ち症で完治と言われるまで2か月以上も通院するはめになってしまった。更に後遺症で頭痛と吐き気がしばらく続いたらしい。

しかし赤信号でも心霊現象に見舞われたという話もある。知人の担当の美容師さんが霊感のある女性で、友人数人と清滝トンネルに肝試しに行った。信号が赤だったので青信号に変わるのを待ってから歩いてトンネルの中に入った。歩いている途中その美容師さん本人は急に意識がなくなったらしい。友人が言うには彼女が突然暴れだし友人の中には男性もいたのだがそれでも制御できないほどの力で暴れていたという。美容師さん本人が意識が戻ったのは既にトンネルから連れ出された後だったのだが、そのときにトンネルの入り口に赤ちゃんが這っている姿が見えた。更にその向こうに白い服をきた女性の霊がこちらをじっと見ている姿も見えたらしい。

霊感のある彼女だが、それまでの心霊体験の中で1番怖かったのが清滝トンネルでのその体験だという。

（愛葉るび）

貴船神社
現世にも続く怨念場

丑の刻参り

日本古来の呪いとしてお馴染みの丑の刻参り。丑の刻（午前1時から午前3時ごろ）に神社の御神木に憎い相手に見立てた藁人形に釘を打ち込むという、日本に古来伝わる呪いの儀式である。白装束で頭にロウソクを3本立て藁人形に五寸釘を打ち込む姿が強烈な印象を与えているので漫画や映画など何かで見聞きしたことがある人は多いだろう。（本格的なスタイルは顔を真っ白に塗る、首元に魔除けの鏡、櫛を口にくわえる、足元は一本歯か長下駄、など自身を鬼と化していくので忠実なほど恐ろしい出で立ちとなる）

この丑の刻参りの発祥の地とされるのが京都市左京区にある貴船神社である。

古くから「うしのときまいり」という言葉があり、これは祈願成就のために丑の刻に神仏に参拝することを指す。貴船神社には、貴船明神が降臨した「丑の年の丑の月の丑の日の丑の刻」に参詣すると心願成就するという伝承があったので、それが呪詛の「丑の刻参り」に繋がったと考えられている。

平家物語の中の「宇治の橋姫」という伝説で橋姫が行った呪いの儀式が丑の刻参りの原型であるとされるが、橋姫が復讐のために自身を鬼と化すために七日詣を行ったのがこの貴船神社である。宇治の橋姫の祈願は貴船明神に聞き入れられ念願叶って生きながらにして鬼女となった。

そんな丑の刻参りの「本場」では現代でも丑の刻参りで怨みを晴らそうと藁人形に釘を打ちつける人が後を絶たないという。

深夜帯の敷地内への不法侵入や敷地内の木を釘などで傷つける行為は器物破損になるなど罪に問われる可能性もあり、かなり規制も厳しくなっているが貴船神社で丑の刻参りを実行する人は少なくないらしい。やはりそれほどまでの強烈な怨みのパワーの持ち主は「本場」で実行しようと考えるのだろうか。しかし丑の刻参りは誰にも見られてはいけないというルールが存在する。誰かに見られるとその強烈な呪いが相手ではなく丑の刻参りを行った自分自身に返ってくるからである。

深夜帯ではないが平日の人気がないときに貴船神社を訪れたことのある人が奥宮に続く道の脇から出てくる白装束の女性に出くわしたらしい。相手は金槌を振り回しながら鬼の形相で追いかけてきたが、その人は必死で逃げきり事なきを得た。相手も足元が正装の長下駄か一本歯の下駄だったとしたら早く走れなかったのかも知れない。

また別の人が深夜に貴船神社の近くに面白半分で行って

みたらカーンカーンと釘を打ちつけるような音が本当に聞こえたので怖くなって引き返したという話も聞いた。時間が時間だったので幽霊かも知れないが生きた人間だったらそっちの方がより怖いと語っていた。

宇治の橋姫の伝説もあり、正装にも口紅をひき口に櫛をくわえたり鉄漿を施したりと女性特有の出で立ちが見られるので丑の刻参りを実行するのは女性が多いようであるが、丑の刻参りを目撃したら女性の格好をした男性だったという話もあった。長い髪は地毛なのかウィッグなのかはわからなかったが顔を真っ白に塗って赤い口紅をひいた男性が一心不乱に暗闇の中で藁人形に五寸釘を打ちつけていたという。幸いその男性を目撃した人は気づかれることなくその場を立ち去ったらしいが、丑の刻参りをしているのが男性にしろ女性にしろ誰かへの強い怨みを抱いて呪いの儀式をしている人間が追ってきたら恐ろしい。

丑の刻参りに遭遇してしまったら見てしまったことを気づかれずに立ち去るのが一番である。気づかれてしまっていたら全力で逃げるしかない。丑の刻参りを見られてしまったら、その呪いが自分自身に返ってくるのを阻止するために目撃した相手を消すしかないからである。

貴船神社内で丑の刻参りに使われた藁人形を見つけてもむやみに触ってはいけないともいわれている。藁人形から釘を抜くときに血が噴き出したり呻き声を上げたりして、藁人形に触れた人に呪いが降りかかってくることもあるからだ。都市伝説的に貴船神社ではこの藁人形を撤去する高額バイトが存在するともいわれている。

（愛葉るび）

西京区某所
子ども限定のスモールワールド
霊園の近くのアパート

京都市西京区にある大型の霊園近くに一時期住んでいたという家族の話です。

そのとき住んでいたのは住宅街にある4階建てアパートの3階の部屋で和室のある3ＬＤＫの間取り。

夫婦とまだ小さい女の子がいました。二人目を妊娠中の奥様は育休中で、長女は3歳を過ぎた頃。

時折ベランダの窓の方に向かって指を指して何かを見つけたように「あ」と声を出すことがあったそうです。

奥様が見てもそこには特に何もないのですが

「何か見つけたの？」と聞くと

「ねえね」と答える女の子。

お姉ちゃんという意味の幼児語なのかな？と不思議に思

いながらも、保育園で覚えてきた言葉なんだろうとあまり気に留めませんでした。

またあるとき、奥様がキッチンで洗い物をしているとリビングで長女が何かお喋りをしています。子供の独り言だと思って聞いていたら誰かと喋っているような、対話をしているような雰囲気でした。

「誰とお話しているの?」

何気なく奥様が問いかけると、また女の子は
「ねえね」と答えたそうです。

奥様は割とおっとりした方で「ねえね」というのは長女にとってのイマジナリーフレンドのようなものなのかな?と捉えていたそうです。

その家には和室が1部屋あり、子供のおもちゃや絵本をおいて子供部屋のように使っていました。
和室に置いてある音の出る車のおもちゃがスイッチをいれていないのに急に鳴り出したとき長女は一緒にテーブルで昼食を食べていたのですが、「ねえねだ」と奥様に言ったそうです。
またある日お腹の赤ちゃんについて奥様が
「妹かな?弟かな?」と女の子に話しかけていると
「おとこのこだよ」と女の子が言いました。
「弟がいいの?」と奥様が聞くと
「おとこのこだって。ねえね言ってた」と女の子が答えました。
その言葉通り二人目は男の子が生まれたそうです。そのときに少しだけ奥様は怖くなったらしいのですが、まだ小さい女の子の言うことなのであまり追求はしませんでした。
旦那様もこの時点で「ねえね」の話を耳にしていましたが深く考えることはしませんでした。
弟が生まれてからは毎日バタバタで長女の「ねえね」の話もそれ以降印象に残っているものはほとんどないそうですが、長女が小さい頃はたまに話の中に登場していたそうです。

家族は長女が小学生になる前のタイミングで家を買い、そのアパートからは引っ越しました。
小学3年生になった長女に当時の「ねえね」について聞くと
「ベランダからたまに女の子が遊びにきていた。最初は窓の外側にいて手を振っているだけだったけどおうちの中に入ってきて一緒に遊ぶようになった。髪を2つの三つ編みにした小学生低学年くらいの女の子だった」と話してくれた

そうです。

　長女もそれを怖いと思ったことはなく引っ越してから「ねえね」の姿は見ていないということです。ちなみに弟の方はそういう何かが見えていたような変わったことは一度もなく、赤ちゃんの頃だったのでそのアパートに住んでいた記憶もほとんどないみたいです。

　当時のアパートのベランダの窓の方角に大型の霊園があったので、それが何か関係していたのかも知れないと夫婦は今になって思うらしいのですが、特にはっきりした理由はわからないままです。

　大人は何も感じたことがなかったので、やはり子供にだけ見える何かがあったのかも知れません。

（愛葉るび）

北野天満宮
現れたのは怨霊なのか？

天神様の不思議な話

　菅原道真公を御祭神として祀っている天神社の総本社、天神信仰発祥の地とされる京都・北野天満宮。

　天神信仰とは、日本における天神（雷神）に対する信仰のことで、特に菅原道真を「天神様」として畏怖・祈願の対象とする神道の信仰のことです。

　今でも日本三大怨霊の一人とされる菅原道真公。

　菅原道真公の死後、朝廷は立て続けに怪死事件に悩まされます。怨霊として恐れられていた当時、多くの死傷者を出した清涼殿落雷事件を契機として菅原道真公を祀るため北野天満宮は平安時代中頃の天暦元年（947年）に創設されました。今では「学問の神さま」「芸能の神さま」として広く知られるようになった神社です。

　北野天満宮には古くから伝わる七不思議（天神さんの七不思議）というものがあり、公式に紹介されています。

　その一、影向松（ようごうのまつ）・その二、筋違いの本殿（すじちがいのほんでん）・その三、星欠けの三光門（ほしかけのさんこうもん）・その四、大黒天の燈籠（だいこくてんのとうろう）・その五、唯一の立ち牛（ゆいいつのたちうし）・その六、裏の社（うらのやしろ）・その七、天狗山（てんぐやま）。

　これらは古くから伝わる七不思議で今でも謎に包まれています。

　そんな北野天満宮の神主さんから聞いたそれとは別の少し不思議な話を紹介します。

　昔、北野天満宮の宮司さんだった方が亡くなりました。とても人柄がよく皆に慕われていた宮司さんでした。

葬儀が終わったその日の夜。

他の神主さんが北野天満宮の敷地を歩いていると宮司室に灯りがついているのに気づきました。しかしそこはまだ誰も居るはずのない場所。

宮司室に入ってみるもやはり誰も居ません。電気を消してその場を立ち去りましたが、暫くしてやはり気になって再び宮司室を見に行くとまた灯りがついていたそうです。

亡くなった宮司さんの気配を感じ、生前の姿を思い浮かべたといいます。

仕事熱心な方だったので亡くなった後も自然と宮司室にきていたのだろうと皆でその宮司さんのことを偲んだそうです。

（愛葉るび）

京都駅　時空の歪む空間

確かに聞こえた「その音」

両親と京都に行ったときの話だ。これまで、不思議な体験など一度もしたことはない。これは、生きてきて唯一体験した奇妙な話である。

２０１８年のことだ。脚を悪くした母親が旅行に行きたいといい出した。父も高齢なので、車椅子を押せるのは私しかいない。それで3人で京都を旅行することになった。街ブラが好きな母親は、京都に行けることをとても喜んでくれた。

宿泊はRホテルの五重塔が見える部屋だ。私はホテルが大好きなので、観光そっちのけで、素敵な部屋を満喫していた。清水寺や八坂神社をみて、四条で買い物。初夏の蒸し暑い京都はとても体力を消耗する。車椅子を押すことがキツくて、夕飯の下調べをまったくしていないことに気がついた。

時間は17時くらいだったと思う。駅ビルの中にある「京料理」と書かれたレストランに入り、京野菜や豆腐が中心の料理を食べた。特別に美味しいこともなかったが、不味いものもない。そんな店だ。料理は色鮮やかできれいに盛り付けられていた。

父と二人、ビールを飲んではいたが1杯だけだ。私にははっきりと「どかーん」というかなり大きい音が聞こえた。何かがぶつかるような、突き抜けるようなあまり聞いたことがないすごい音だった。

「え！　今の何!?」と動揺すると、父も母も「え。何？」ときょとんとしている。「今、すごい音聞こえたじゃん」といっても「いやぁ。何も聞こえないよ。何だぁ？」という。

気のせいにしては大きすぎる音だなぁと思いながら食事を続けていると、今度は頭の中に「京都駅で飛び降り自殺」という言葉が鳴り響く。声は男性で、ちょうどアナウンサーがニュースを読んでいるような雰囲気だった。

そのとき、正直自分が一番怖かった。ストレスか何かで精神を病んでしまったのか。幻聴が聞こえる。と、ものすごく不安になったことを覚えている。おかしいと思われたくなくて、両親にはもう何もいわなかった。

私たちが、1泊2日の京都旅行を終えたのが、6月の末。7月に、京都駅と直結しているホテルから飛び降り自殺があったことは、ニュースで知った。あれは「予知」というものだったのだろうか。今でも、たまに音を思い出してしまう。

（桜木ピロコ）

膏《こう》薬《やくの》辻《ず》子《し》　将門の首が晒された場所

怨念を封じ込めた人物とは？

日本古来からの祟りの中で最も畏られているのは《平将門》の存在ではないだろうか？　それはあらゆる文献から始まり、歴史物のエンタメにも取り上げられるなどして、現在も影響は後世へと伝わり続けている。

将門公は平安時代の延喜3年（西暦903年）に桓武天皇の孫であった高望王の三男・平良将の子として関東で生まれたといわれている。母の故郷でもあった相馬郡（現在の茨城県と千葉県辺りが下総国といわれており、その中にあった郡を意味する）で育ち、15歳くらいで京の都に出て、有力であった藤原四家の一つの藤原忠平に仕えた。家柄は申し分無かったにもかかわらず、藤原氏が支配していた時代にあったために高い役職に取り立てられる事は無く低い官位に甘んじたまま12年を過ごしたが、父・良将が亡くなったため帰郷すると、その領地が縁者に奪われていた事から軍を率いて戦をして取り返す。当時は朝廷管轄のもと、遠く離れた関東に役職を置いて、民の統制や租税はもちろん、その地の豪族との折衝や鎮圧にあたらせた。本来なら、都で要職に付ける身分であっても中央勢力から外れた将門の父のような存在は多く、都で閑職をあてがわれるくらいなら未開の地を収める事で朝廷からの覚えを良くして再び中心に取り立ててもらえるようにという思いで職務に就く者もいたが、朝廷との距離を利用して私利私欲に走る者も多かった。諸説あるが、将門が兵を挙げたのはそういう者たちに対してという大義名分があったので、この戦の後で朝廷からの呼び出しがあり、素直に京へ出頭している。

そして将門の主張が通り、微罪となり後に恩赦となっている。関東に戻った将門はまだ燻っていた反対勢力を倒し、関東の雄となって、独立国の立ち上げと自らを新皇と称して兵力を巨大化させていく。その勢いを脅威に感じた朝廷は将門討伐を命じ、天慶3年（940年）2月14日に先頭に立って戦っていた将門の額に流れ矢が刺さり討死した。遺体から首が切り落とされて京に運ばれて晒されたのだが……眼をカッと見開いて怨みの言葉を繰り返し喋り続け、ついには切り離された身体と繋がって復讐するために首は関東に飛んでいったといわれている。その怨みのパワーは身体を探し出す前に尽きて下界に落ちた場所が有名な《将門の首塚》となり、首を探して彷徨った身体も力尽きた場所が後の《神田明神》となったようだが、「かんだ」という名称は「からだ」に起因するともいわれている。これらは東京で祀られている将門公の供養場所として有名である。

　では、京都ではどうだったのだろうか？

　晒された将門公の首は京から飛び去った後、高僧の空也上人が手厚く供養している。現在の住所では京都市下京区綾小路通西洞院東入新釜座町728であるが、通称としてその辺りは《膏薬（こうやく）の辻子（ずし）》と呼ばれている。これは『空也供養』という言葉に由来している。辻子とは『行き止まりにならずに次の通りまで突き抜けている路地』を意味する。

　この地では現在、《京都神田明神》という祠が建立されているが、もちろん空也上人が将門公の首を祀った事が繋がってのものだ。

　まさに京都に於ける将門公の首塚である。

　本来は平安京の朝廷によって滅ぼされた事で京都の土地への怨念は凄まじいものなのであろうが、空也上人が供養をした事で穏やかに治められてきたのではないだろうか？

（渡辺裕薫）

東山

Mホテルの屋上

どうしても、そこに行きたい！

20代後半の頃、夫と京都に行ったときの話だ。

京都で一番のホテルに泊まってみたいと我が儘をいい、東山にあるMホテルに宿泊を決めた。外資系のWホテルグループに加盟した頃で、建物を改装している最中だった。

クラブラウンジが使えるランクの高い部屋は、シックでセンスがいい。窓からは緑が見える。中層階に位置していて確か「デラックスキング」というカテゴリーだったと思う。

夫は関西出身だし、京都はお互いに何度も遊びにきているので、観光はあまりせず、ホテルでの滞在を楽しんでいた。ホテルにあるテラスだかベランダだかからの眺めが素晴らしく、何時間もそこから京都の景色を眺めていた。春だったので、風がとても心地よかったのだ。

夜は、ホテルのコンシェルジュの女性にぐじ（甘鯛）が食べられるお店を紹介してもらい、祇園にあるお店に出掛けた。かなり高いコースだったが「せっかくだから」とお酒とともに堪能し、ほろ酔いでホテルに帰ってきた。時間は確か23時をまわっていたはずだ。

宿泊していた部屋は改装済みのきれいな棟にあったのだが、すぐ隣の棟はまだ改装途中で電気も所々しかついていない。部屋の前の廊下から、改装途中の暗い棟に続く廊下が奥まで続いているのを見ていたら、どうしてもそちらに行きたくなってきた。それは、何ともいえない感覚で「何が何でも行かなくてはいけない」という決心に近い強い思いだった。

「ねえ。あっちは誰もいないから行ってみようよ。昼間、外、気持ちよかったじゃん。風に当たりたい。屋上に上がれるかな」

そういって、危ないからダメだと止める夫を振り切って、小走りで改装中の棟に向かった。上へ行きたくて行きたくて仕方がない。初めてきた場所で、電気も暗いのにすぐに屋上につながる階段への扉を見つけた。

「あ。やっぱり屋上行けるじゃん」

そういって、工事の道具や不用品が置いてある階段をどんどん上って行く。夫は黙って後ろについてきていた。階段を上りきったところにある扉を勢いよく開けると、真っ暗な闇。風が顔に当たった瞬間、ものすごく恐ろしくなった。「なんでこんなところにこんな時間にきてしまったんだろう」。我に返って夫のほうを振り向くと、「部屋に帰ろう」と真剣な顔でいう。転がるように階段を下りると、くるときには何も感じなかった暗い廊下が廃墟のようで、怖くて心臓がバクバクしてきた。

部屋中の電気をつけ、鍵をかけストッパーをしたのに、部屋に入るとまた屋上に行きたくて仕方なくなる。「行かなくては殺される」とまで感じるほどの異常な欲求で、パニック状態になってしまった。冷静な夫に宥められながら、何とか朝を迎えた。二人とも一睡もしていない。

予定より早くチェックアウトし、車に乗り込んでもなお、屋上に行きたい欲求が消えない。頭の後ろが何かに引っ張られているようなのだ。心臓は早鐘のように打ち、血が逆流する。「行きたい。屋上に行かなくては。でも、行ったらダメだ。こんなのおかしい」その葛藤がなくなったのは、高速道路を30分ほど走った辺りだった。本当に突然、憑き物が落ちたように、屋上のことが、頭からすっかり消えたのだ。

「あ。もう何ともない。大丈夫だ」

そういう私に、夫がいった。

「昨夜、屋上で視えた？」

「何が？」

「いや」

それっきり、何度問い詰めても、夫はその話に二度と触れなかった。

それ以来、京都には行っていない。


（桜木ピロコ）

粟田口刑場跡

残忍な場所で見た夢は偶然か

夢

京都という現在も観光地として栄えている地であっても、かつては時の政に刃向かう者や治安を乱す者を罰する刑場は存在した。それは敢えて都に近いから設置されたのかも知れない。

その昔、京の都に入るには《関所》が存在した。もちろん関所と表現されるようになったのは江戸幕府が治めるようになってからだ。鎌倉時代には《口》といわれ、それが都の入り口にあったことから《京の七口》と呼ばれていたようだ。それが室町時代になると幕府だけでなく、寺社や公家までも《口》に関わっては通行料である《関銭》を徴収するようになり、それらを総称して《七口の関》と呼ぶようになったという。一説では《口》という表現が定着した理由として、豊臣秀吉公が京の街を管理しやすくするため周囲に御土居（おどい）を張り巡らせた時に出入りする部分を《口》と呼んだことからともいわれている。ただし、《七口》と表記されていると単純に7つ存在したように思われるが、それは関所の数を示しているのではなく、昔の行政としての割り振りである《七道》に繋がっていくという意味からそう呼ばれていた。《京の七口》には7つ以上の《口》は存在したのである。

その一つに《粟田口》がある。此処は東海道を山科から来ての京都の入り口に位置する。《七口》の中でも特に栄えた街道の関所であり、もちろん当時の交通の要であった。その《粟田口》に江戸時代から刑場が設置されていた。毎年3度、刑が執行されて、明治になって廃止されるまでに15000人が処刑された。京都の各宗派の寺院が死刑者の数が1000人になるごとに供養塔を建立していたので、その数が各寺院に15基あったということから算定されたのが15000人という人数だ。

江戸幕府によって正式な刑場となる以前にも、《本能寺の変》で《織田信長》を暗殺した《明智光秀》の遺体が晒されていたことからも……街道という多くの人々が目にする場所であったために犯罪者が末にどうなるのかを周知させる意味として適所だったのだろう。

その粟田口刑場の跡地には現在、石碑が建てられて供養されているのをご存じだろうか？　京都市営地下鉄・蹴上駅の1号口を出ると地下鉄の軌道の真上を通っている道路沿いに九条山の峠を上がっていくと……供養塔が見えてくる。その辺りに刑場があったのだ。ちなみに蹴上という地名は、この峠を刑場へと向かうのを嫌がって進もうとしない囚人を役人が背後から蹴り上げて連れて行ったことから由来するともいわれている。

筆者の先輩が大学時代に友人が運転する車で5人で琵琶湖に泳ぎに行った帰り、後部座席でうとうとして夢を見た。それは『草が生い茂った場所に自分がいて、何故か手足の自由が利かずにただただ自分の眼だけがキョロキョロ動いている。そして胸を締めつけられるような気持ちが高鳴ったかと思うと、突然、自分の視線が草むらの下の地面に落ちたかと思いとぐるりと回って空を見て止まった』夢だった。うなされるように目が覚めたようで、車の後部座席の両隣の友人たちが「大丈夫か？」と声をかけた程だった。すると運転をしていた友人が「そうそう、この辺りが昔、刑場だったらしいよ」と何気なく話しだした。それを聴いて車内は「そうなの？」と皆が驚いたのだが、「だから、お前いま、うなされてたのか？」と笑われてしまった。ただ、当の本人が見た夢はあとで自分で考えると首を落とされる刑である《斬首》の瞬間であったようだ。夢の内容は友人たちは知らなかったわけで、刑場の話題がタイミング良く出たのは単なる偶然ではないだろう。その車が粟田口刑場だった辺りを走行中に起きた出来事であったという……。

（渡辺裕薫）

青蓮院　青不動にまつわる噂
良縁に導かれますように

「青蓮院の青不動の噂って知ってますか？　実は縁結びにすごく効果があるんですよ」

嬉しそうに教えてくれたのは、京都出身の30代女性、Aさん。教育関係の仕事に就いている。

「不動明王っていうと、戦う仏様とか、力で悪いものをねじ伏せるとかそういう強いイメージがありますよね。だから、野心家の男性が信仰することが多い。それが、私の地元では青不動は恋愛に効果があるってもっぱらの噂だったんです。実際、彼氏と一緒に青不動を見たら結婚が決まったとか、青不動を見て、しばらくしたら彼氏ができた、なんて話を何人かからききましたよ」

Aさんも、彼氏と一緒に青不動を見学して、結婚が決まったそうだ。

「えー。あんまり知られてない話なんですね。みんな知ってるのかと思った。中学生の頃から青不動の話はきいてましたよ。親の世代も知ってました。何で縁結びにいいっていわれるようになったのかまでは分からないんですけど、青不動を30分以上見ると効果があるっていわれてるんですよね」

青蓮院でAさんが見て回ったルートはこうだ。靴をぬいで華頂殿の縁側にあがり、庭を楽しむ。その後、庭におり、熾盛光堂に展示されている青不動を30分ほどじっくりと見る。特別に変わったことはしていないといっていた。

「ま、30分も見てるって変わってるのかも知れないか。私は、何かを感じましたね。青不動は複製のはずなんですけど、ものすごく惹きつけられるんです。一目見て鳥肌が立つくらい感動しちゃって。彼氏と見に行った後も2回、一人で見に行きました。私の場合は、心拍が上がるんですよ。不動明王だから、怖い感じもするんですけど、目が離せない。すごく不思議な感じだったなぁ。彼氏のほうは、何も感じなかったみたいだから、ひょっとしたら女性にだけ効果があるのかも」

Aさんの友人は、青不動に「彼氏ができますように」と願った2か月後、婚活パーティーで知り合った男性と付き合うようになった。実に6年ぶりの彼氏だそうだ。地元の友人の中には、何年も片想いをし続けていた相手との恋が実った、腐れ縁が切れた、という女性もいるという。

「青蓮院の青不動には行くべきですよ」

とのことだ。

（桜木ピロコ）

清水 人を呪わば…

G神社の呪詛効果

いまから30年近く前のことだが、この身体には自分が掛けた呪いの痕がまざまざと残っている。

大学を卒業して社会人になって半年。結婚の約束をしていた彼の浮気を知った。しかも相手は私の友人。以前、3人で飲んだ際に連絡先を交換していて、付き合うようになったらしい。二人とも許せなかったが、どうしてもゆるせなかったのはA子のほうだ。友達面して、相談にのったり、一緒に結婚を喜ぶふりをして、彼と肉体関係をもっていたなんて。人間のやることではない。縁を切ることは当然として、それだけでは物足りない。こちらが傷ついたのと同等の罰を与えなくてはならない。

殺し屋や、復讐代行をさがしたが、当時はいまほどネットが盛んではなく、うまく見つけることができなかった。それに、やはりそこまでする勇気がない。鬱々としているとき会社の同僚と呪いの話になった。「京都の清水寺の中にG神社っていうのがあるのよ。そこのご神木で藁人形をやると効果があるってきいたことあるよ」私を慰めるために雑談として話してくれたのだろう。でも、それは天啓に思えた。それだ。呪いしかない。G神社でA子を呪えばきっと罰が当たる。やるしかない。

次の週の平日に休みをとり、G神社に行くことにした。清水寺の近くにホテルをとり、一人でG神社に向かったのは15時くらいだったと思う。夜中に行くのは怖かったし、入れないと思ったのだ。G神社に着いたときのことがこうしていても昨日のことのように思い出される。

当時からガイドブックに載っている有名な神社だったので、当然観光客が溢れていると思ったが、予想に反して女性の二人組が数組いる程度。賽銭を入れ、A子を呪った。「どうか、A子に罰が当たりますように。できるだけひどい罰が当たりますように」目を瞑り10分以上呪ったと思う。私がやったことはそれだけだ。

京都から帰ってきて、平穏な生活に戻って2週間経った頃。共通の友人からA子が顔面麻痺になって家に引きこもっているときいた。とっくに別れていた彼のほうは左遷で新潟に飛ばされたらしい。G神社での効果が出たのだと嬉しくなった。それからもずっと心の中でA子を呪った。「ひどい目に遭え。不幸になれ」毎日そう願った。顔面麻痺から精神を病んだA子は入退院を繰り返すようになった。その後取引先の既婚者と不倫。その男の度重なるDVで一生足を引きずる身体になったとのことだ。

私は満足した。A子が不幸になるたびに、私の身体にももちろん異変が起きた。内分泌系の病気になり、体重は20キロ増量。早期発見で重大ではなかったが脳梗塞も見つかった。原因不明で左目の視力がほぼない。

そのほかにも、怪我や事故、高熱や止まらない咳と健康とは程遠い身体である。最近では、大便を排泄するとき、毎回黒い血が流れるようになった。内臓のどこかが悪いのだろう。

重ねていうが、私は賽銭を入れ、ただ考えただけだ。いまから30年前のことだから現在もそうだとは断言できないが、私にとってはG神社の呪いの力は強かった。心底誰かを呪いたい人にはぜひお薦めする。

ただし、返りはある。


（桜木ピロコ）

京丹後市某所
安宿に現れた珍客の正体とは？
遅れてきた仲間

高校生の頃の辰己さんはいわゆるヤンキー、つまり不良だった。そんな時代だったと言ってしまえばそれまでだが、京都にある彼が通う学校にはヤンキーは殊更に多かった。

ある春のこと、辰己さんは仲間達と一緒に、男ばかりで日本海側に一泊で遊びに出掛けることにした。平日の昼から集まった仲間は八人。皆で原付バイクに跨り、北へと向かった。

現地に着いて、皆で大騒ぎしながら観光地を巡ったり食事をしたりしていると、すぐに日が暮れてしまう。

辰己さんらがその日泊まるのは、当地でも一番の安宿。覚悟はしていたが、建物は相当に古く、お世辞にも綺麗とは言えなかった。あてがわれた部屋は八畳ほどで八人が泊まるには少々狭い。彼らは順番に風呂に入ると、各々適当に布団を敷いて横になった。

全員が布団を敷くと、部屋はもうそれで一杯である。電気を消して豆電球だけにしても、誰もすぐに寝ようとはしなかった。布団に入ったまま、馬鹿話に興じる。

夜十一時を過ぎる頃、遅れてやってきた仲間がいた。後藤さんである。彼は用事があり、それが片付いたら後から追いかけるということになっていたのだ。こんなに遅くなるのは予想外だったのだが。

彼は皆が寝ている部屋に入ると、連れてきた女の子を手短に紹介した。新しい彼女だそうだ。部屋の電気も点けず、オレンジ色の薄暗い光の中で、皆にそう話す後藤さんに対して、仲間の一人が「そんなんええからお前も早よ寝ろ！」とわざと乱暴に言った。

「押し入れの中にまだ布団入ってんで」と別の仲間。

とはいえ、もう布団を敷く場所などどこにもない。そこで後藤さんは、押し入れの中で寝ることにしたようだ。

二段になっている押し入れの上の段は、ほとんどの布団が出されてがらんどうになっている。そこに残った布団を敷き、後藤さんは彼女と二人並んで横になった。後藤さんが外側、彼女が奥だ。

そうして、新たに二人の仲間が加わった状態で、暗い部屋の中、馬鹿話が続いた。

その内に、話題はいつの間にか怖い話へと移っていった。一人が語るとまた別の者が語り、それが終わればまた別の者が、という風に、次から次へと怪談が語られていった。こうなると、ふざけ半分とはいえ、これはちょっとした怪談会だ。

床の布団で寝ている者が大方語り終わったところで、全員が押し入れの方を見ると、後藤さんは既に寝息を立てており、その向こうから彼女が後藤さんのお腹の上にちょこんと顎を載せて顔を出して皆の話を聞いていた。

それを見て、押し入れに最も近く、最後に怪談を語った辰己さんが彼女に言った。

「怪談怖くない？　大丈夫やった？」

「うん、平気。面白かったよ。じゃあ今度はあたしが語ろっかな」

「え、ほんまに？　聞きたい聞きたい」

全員が色めき立ち、寝転んだまま姿勢を変えて、彼女の方に向き直る。

「この民宿ってさ、あたし、初めてじゃないんだよね」

突然妙なことを言うなとその場にいる誰もが思ったに違いない。しかも彼女は関西弁ではなく、何故か標準語だった。地元出身ではないのだろうか。彼女はゆっくりと続けた。

「今から十五年くらい前になるのかな。あたしね、一人旅しててさ、傷心旅行って言うの？　大好きな彼に振られちゃって。すっごく悲しくって、何もかもが嫌になってね。何の予定も立てずにこっちに来たら、この宿に辿り着いて。それでね、あたしこの部屋で、首を吊って自殺したの」

そう彼女が言った瞬間、後藤さんが大声を上げて飛び起きた。同時に彼女の顔が奥へと引っ込む。

その様子を見ていた辰己さんらも大声を上げて慌てて起き上がった。後藤さんが押し入れから飛び出してくるのと同時に、部屋が明るくなった。誰かが電気を点けたのだ。

「あれ何や⁉　あれ何やねん⁉」

後藤さんは真っ青な顔で叫び続ける。押し入れを見ると、奥で寝ていた彼女が目をこすりながらゆっくりと押し入れから出てくるところだった。今まで寝ていたようだ。明るくなった部屋で初めてはっきりと見た彼女の顔は、先ほどまで薄暗い中で話していたあの女の顔とは似ても似つかないものだった。

後から聞くと、後藤さんは実は起きていたそうだ。ただ、金縛りになっていて、声を出すことも出来なかったらしい。

腹の上に全く知らない女の顔が乗っているので、それがあまりに怖く、何とか逃げようともがいていたというのである。一方、後藤さんの彼女は、彼の横で既に寝ていたらしく、何も知らないと言った。

そんなことがあって、全員電気を煌々と点けたまま朝が来るのを待った。

夜が明けて完全に明るくなってから、押し入れの中をよく見てみると、下の段の奥に古びたお札が一枚貼ってあるのが見付かったそうだ。

（宇津呂鹿太郎）

京都府某所
ある日出会った奇妙な乗客

ぶちぶち

木津駅近くで拾ったタクシー運転手から聞いた話。

貞子みたいに長い黒髪の女性のお客さんを夜に拾ってね、若いから同志社大学の学生さんかなと思って、行先を聞いたら長尾の方まで……って。結構遠いなあと。

料金でいうたら五千円以上かかるでしょ。

まだ終電前なのに変やなと思いながらも、運転しながらちょっと話しかけてみたんやけど全く返事せんの。

座席に座って、こう首をだらあっと前にね、俯いてたから車に酔ったんか、飲み過ぎて気持ち悪いんかなと思って、大丈夫ですかって聞いたんです。

そしたら急に「やめて！」って大声を出して言って、思わず急ブレーキ踏みそうになりました。「どうされましたか？」って聞いたら答えずに、お客さんが長い髪の毛をぶちぶち抜きはじめたんです。

手で雑草でも毟るみたいに、ぶちぶちって指に束になった毛が絡んでました。

「お客さん、どうしたんですか？　気分でも悪いんですか？」って何度も聞いたら「ほっといて！」ってかなり強い口調で言われて、今度は抜いた髪の毛を食べ始めたんです。ぶちぶちい、むしゃむしゃって感じでずっと繰り返してんの。流石にちょっと異常やなと思ったから、何度も途中で降ろそうかと思ったんやけどね。長距離やったから、我慢して目的地まで乗せたんです。

支払いは現金で、おつりも出ないようにぴったり出してくれてんけど、紙幣にも小銭にも髪の毛がくっついてたんは嫌やったなあ。

それ以来ね、この車を掃除するたびに長い黒髪が見つかるんです。

髪の長いお客さん乗せてない日でも、必ず車内から絶対に見つかるんです。

どんなに掃除しても、髪の毛が車の中から沸いてくるみたいに出てくるから、かなわんのです。

タクシーの運転手は絞り出すような声で言い、目的地に着いた。

下りてドアを閉めてから、首筋に長い髪の毛が掠ったようなこそばゆさを感じたような気がしたけれど、単なる錯覚だったのかも知れない。

でも、後日財布の中から途中で白髪に変わっている長い髪の毛が一本だけひょろりと出て来た。

（田辺青蛙）

京都市K神社

藁人形に込められた呪いの謎

丑の刻参り

左京区在住の新谷さんから聞いた話。


「私、初詣の期間だけ京都のK神社で巫女の助勤をしていたことがあるんです。結構由緒ある神社だから厳しかったですね。

ネイルや茶髪は駄目、アクセサリも禁止、礼儀作法も色々あって大変で。

巫女の仕事ってかなりハードなんですよ、本当に。

掃除はもちろん、迷子の案内もあれば、参拝者にお守りの販売や昇殿祈祷のお手伝いまでやる時もありました。

神社は、年末年始が一番忙しい時期でしょ。絵馬やおみくじの仕事だけでも大行列で目が回りそうでした。大晦日や元旦は泊まり込みですし、足の指先が痺れてジンジンする程寒いんですよ。

だから手を擦り合わせながら、みんなで他愛ない話をしながら準備をするんですけど、ストーブとか暖房器具の前のいい場所はベテランのおばちゃんが陣取ってるんです。

お札の紙とかで指先を切ったりするし、巫女バイトに保湿のクリームは欠かせなかったですね。でも塗り過ぎると怒られるんですよ。

で、そんなK神社は大みそかの前に奥の院にお飾りをして、お神酒を備えるっていう風習があったんです。

奥の院は雪で凍ってる道を通って、お参りする人も少ないから階段とかもちゃんと補修されていなくって、行くのがすっごい大変なんです。

でも、お神酒を備える準備はその神社にとって絶対らしくって、巫女服では行けないから一旦着替えて、登山靴とまではいわないけれど、山登りが出来る靴に履き替えて、ベテランの先輩と二人で行くって決まり事があるんです。

私は嫌だったんだけど、二回目のバイトだからあんた来なさいとかよく分かんない理由でベテランの先輩に指名されて行くことになったんです。

むちゃくちゃ寒いし恰好も変だし、知ってる人に社務所から出る時に会いませんようにってこそこそしながら先輩の後ろに隠れるようにしながら歩いて行きました。

登山道みたいな、奥の院の入り口からはハードなんで、滑ったり転んだりしないように手すりをガッチリとホールドしながら登ったんです。

先輩もここで滑って転んでも救急車が入れないし、救急隊も担架登って来られないから怪我は自己責任でって言うんですよ。今考えたら怪我したら自己責任じゃなくって労災ですよね、それって。

時間は昼過ぎか夕方だったんですけど、深い森とか山みたいな場所だから薄暗いんですよ。

そんな所で一時間半くらい登っていった参道の途中だったかな、白くぼんやりと光る人がいたんです。

こんな来るのが大変な場所に他に人がいるの？　って驚いて目を凝らしてよく見たら、木々の深い暗がりの中に、白いウェディングドレス着た人が立っていたんです。

だから「あれ何？　何？」って前を歩いてる先輩に聞いたんです。

そしたら先輩がね「しっ！」って後ろを振り返って人差し指を口の前に立てて、しばらく静かにって合図したんです。

小さな声で「あれ、町内に住む×××さん。時々あの恰好でここに藁人形打ちに来るのよ。目を合わせたり、声をかけたりは絶対にしないでね。呪いは見られたら返るっていうでしょ。今は多分下見で、夜になったらあの人はここで、釘を打ってるよ」って言われて。

なるべくそっちの方は見ないようにして、音をたてないように進んで奥の院まで行ったんです。

お神酒と飾りをお供えした帰りには誰もいなかったし、何も見なかったんですけどね、あの恰好のまま下に降りたかどうかは知らないけど、山に来られるような服装じゃないですよね、ウェディングドレスって。しかもベールも被ってたんですよ。

社務所に戻ったら着替えて、体の芯まで凍えてたからしばらくじっとしていたんです。

そしたら一緒に奥の院に行った先輩がお茶を淹れてくれて、私にウェディングドレス姿でいた×××さんについて色々と教えてくれたんです。

多分、誰か見た人に話したかったんでしょうね。

「あの、×××さんね、あんな場所で丑の刻参りをやるから駄目なんだよね。参道からあまり離れてないから見つかりやすいでしょ。あの人ね、遠目じゃわかり難かったけど、昔はふっくらしててスポーツ万能で県大会に出たりしてたのに、人を呪った分が返ってきてるのか、今は見ると驚くほどガリガリなの。

夏なんか骨がシャツから浮いて見えていて。風が吹いたら倒れてしまわないかなって心配になるくらい。病気で内臓もあちこち取ったっていうし、それに旦那さんも二回亡くなってるしね。

二人とも変死でね、警察に遺体運ばれて解剖したらしいよ。死因は不明らしいけど、それにしても、あの人何をあんなに恨んでるんだろうねえ。

美人やったし、資産家の娘でお嬢さん学校出て、近所の人らは随分うらやましがられとったのに。

昔ここの神社で、ちょっとだけ巫女さんのアルバイトをあの人もやってはったことがあって、その時も美人巫女だって凄い評判だったの。

そういえば最初の旦那さんね、ここでアルバイトしている時に出会ったって噂があるの。旦那さんも結構なボンボンで、どっかのええとこの子と婚約しとったらしいけど、巫女姿の×××さんに心奪われたらしいって話聞いたことあるのよ。

こういう話聞いて、どうしてそんなにその人について詳しいんですかって？　って私、聞いたんです。

だけどそれは教えてくれなくって、睨まれただけでした。

でもね、別のアルバイトの子が、奥の院じゃないけれど時々、白いベールを藁の間に挟んだ藁人形が釘の刺さった状態で境内に落ちてることがあるって教えてくれたんです。

その話してくれた巫女のアルバイトの子の話では、今日もそこにあったよって。

私はその話を聞いて、「えー、あの人が作って神社に置いたか、落としたのかな。それとここの社務所通らないと奥の院の道に行けないのに、どうやって誰にも気が付かれずにあそこまで行ったんだろ。だって誰もドレス姿の参拝客なんて見てないよね、それとも登山道途中で着替えたのかな？　でもそれでも大荷物だし誰か気が付きそうだよね」

とか言ってる途中で、急に気分が悪くなって目を回して倒れたんです。

それから車で家に帰されたんですが、夜中に高い熱を出してしまって、年末年始だから病院もやってないし散々でした。

変な発疹を伴う高い熱の風邪で、寝ている間に発疹を掻きむしってしまったせいか、今もその時の掻いたぷつぷつの跡が残ってて足とか出せないんですよ。

スカートとか履いたら、怪我したん？　って絶対誰かに言われるし。

呪いたいって気持ちは見たりしただけでも、やっぱり伝染するんかなって思ったこともあるけど、偶然ですよね。だって、一緒に奥の院に行ったベテランの先輩はあの後も何もなかったみたいだし、今も年末年始のアルバイトには顔を出してるみたいなんです。

奥の院に行く途中に変なダニが服についたとかが本当の理由なんだと思ってます。

あの神社でのアルバイトはもう嫌ですね。母親はなんかイメージがいいからとか言ってやたらあそこのアルバイトを

年末が近づくと勧めてくるんですよ。

（田辺青蛙）

■宇治市

天ケ瀬ダム

宇治市にあるアーチ式のダム。自殺の名所として知られている。あまりに自殺者が多いため、監視カメラの設置や監視員の配置、巡視等様々な自殺防止策がとられている。ダムの上流にも飛び降り自殺の名所があり、その遺体が下流のダムに流れ着くこともあるのだとか。周囲の道路は急カーブが多く事故が多発していることもあり、首なしライダーの亡霊を見たという話や湖面を歩く人を見たなど、様々な亡霊の噂が報告されている。

宇治川ライン

京都の宇治から滋賀県大津市まで抜ける宇治川沿いの道、通称宇治川ライン。コーナーの続く一本道で、信号もなく、走り屋の名所である。しかし天ケ瀬ダム周辺はカーブが連続しているためハンドル操作を誤りやすく、カーブを曲がり切れなかったライダーが湖面に落水したりガードレールに衝突したり、事故の多い場所としても有名だ。そのため宇治川ラインには事故にまつわるたくさんの気味の悪い噂がある。ライダーの幽霊が湖面に吸い込まれるのを見た、真夜中に首のないライダーが出る、運転中に腕を掴まれた等。幽霊ライダーが現れた後、湖を捜索したところ湖底の木立に引っ掛かった幽霊と同じ服を身に着けた白骨遺体が発見されたという噂もある。

不慮の事故で亡くなったライダーが自分の遺体見つけて欲しさに怪異現象を起こしているのかもしれない。

■京都市
□東山区

東山区清水の清水寺

京都の有名な観光スポット。かつて清水寺の一帯は鳥辺野と呼ばれる遺体の収容地だった。当時火葬の風習はなく遺体は野ざらしで打ち捨てられ、鳥や野犬が貪っていたという。坂上田村麻呂によって創建された清水寺は、この辺りに風葬された魂を弔うために建てられ、高い場所に作られたのは谷から漂う死臭を避けるためだったともいわれている。そのような曰くつきの場所で、清水の舞台下には、今でも無念の死を遂げた人々の怨念が渦巻いていると囁かれている。

清水寺で有名な清水の舞台は、そこから飛び下りて助かれば願いが叶い、死んだとしても成仏できるという民間信仰が広まり、江戸時代には多くの死者を出したと言われている。

東山区東大路通松原西入の六道珍皇寺

臨済宗建仁寺派の寺院。六道とは、仏教において衆生がその業の結果として輪廻転生する六種の冥界のことをいう。この辺りはかつて死者を鳥辺野へ野辺送りする場所であったため、あの世とこの世の境または接点である「六道の辻」と呼ばれ、冥界への入口とも信じられてきた。境内には小野《おのの》篁《たかむら》が冥土へ通うために使ったとされる「小野篁冥土通いの井戸」がある。嵯峨天皇につかえた平安初期の官僚・小野篁は、昼は朝廷、夜は閻魔庁で役人をしていたといわれており、貴族を地獄行から救い出した、紫式部の愛好者たちが彼女を地獄から救うため小野篁に閻魔大王へのとりなしを頼んだ、などなど不思議議なエピソードがたくさん伝わっている。

旧東山トンネル（花山トンネル）

清水寺にほど近い、京都市東山区と山科区を結ぶ歩行者・二輪車用トンネル。トンネル周辺は、平安時代は風葬の地であり、中世以降は墓所、火葬場があり、江戸時代には処刑場も近かった。現在もトンネルの南側に斎場がある。山崎の合戦で敗れた明智光秀がこの付近で討たれたといわれており、そのためか武者姿や着物姿の霊の目撃情報がきわめて多いらしい。無念の死を遂げた武者の魂が今もこの付近をさまよっているのかもしれない。他にも、トンネル内で突然男性のうめき声が聞こえて来た、誰もいない中足音だけが追いかけてきた、事故で大破した自分のバイクを見つめる若者の幽霊を見た等々……怖い噂は今も絶えることがない。

幽霊子育飴の店

昔、身ごもったまま亡くなった女性が、自分が死んだ後に生まれた赤子のため、墓場から毎夜飴を買いに来ていたという。その後赤子は寺に預けられ高僧となり、店は幽霊が飴を買いに来た店として有名になり、現在も営業中であるという。

□西京区

西京区大枝沓掛町の首塚大明神

京都でも最強の魔界スポット。平安時代、源頼光が、当時都で悪行を働いていた鬼の頭領・酒呑童子の首を切り落とし、この場所に埋めたという伝説がある。一説によると童子は死に際に今までの悪行を悔いて、死後は首から上を病んでる人々の助けになることを望んだため大明神として祀られたとか。生半可な気持ちで参拝すると呪いがかかってしまうともいわれている。

□中京区

三条河原

鴨川沿いにある河川敷。市民の憩いの場であり、観光地としても賑わっているが、中世から近世にかけて処刑や晒し首が行われ、多くの血が流れた場所である。かの平将門の首もここで晒されたといわれている。その他石川五右衛門の地獄の釜茹でや、謀反の罪を着せられた豊臣秀次とその一族三十九名の処刑が行われたのもこの場所である。関ヶ原の戦いに敗れた西軍の石田三成や新選組の近藤勇の晒し首も行われている。有名無名問わず多くの罪人が処刑されていることから、この界隈には怨念が渦巻いているという噂がまことしやかに囁かれており、霊を見たという話も聞かれる。三条河原でデートをしていたら、川面に浮かぶ生首を見たなどという噂もある。

□下京区

下京区鍛冶屋町の鉄輪の井戸

平安時代、この場所で女が丑の刻参りをしていたが、陰陽師安倍晴明に呪詛返しをされ、女は自らの呪詛で呪い死んでしまった。この女の怨念が祟りを引き起こすようになったため、社を建て稲荷を祀り、祟りを鎮めたという。

またこの井戸は縁切りの井戸としても有名だ。井戸の水を別れたい相手に飲ませると縁が切れるという話が広まり、水を汲みにくる人が増えたそう。そのせいか今は井戸の水は枯れてしまっている。

かつて鉄輪の井戸を訪れた若者が悪戯で井戸の水を自分で飲んだところ、丑の刻参りの装いをした凄まじい形相の女に追いかけられる夢を見てうなされたという。

□左京区

曼殊院門跡の幽霊画

洛北屈指の名刹。皇室一門の方々が代々住職を勤めた格式ある寺院である。紅葉の名所として有名だが、女性の幽霊が描かれている掛け軸があることでも知られている。

掛け軸は二本あり、一本は消え入りそうな薄い線で描かれた虚ろな目をした女性の幽霊、もう一本は怒気に満ちた表情の女性の幽霊だという。元は旧家の持ち物だったが、不幸が続いたため曼殊院に寄贈されたようだ。寺院のホームページに幽霊画の写真の掲載はないが、それと言うのも撮影されたものを見ただけでも霊障が起こると言われているためである。拝観時の掛け軸の撮影も禁止されており、撮影を行うと幽霊の邪念を引き寄せてしまうと言われている。

実際掛け軸を前にしただけで体が動かなくなった、気分が悪くなった、頭痛に襲われた等異常を訴える人が少なからずいるようだ。かなり強い霊気を発しているのかもしれない。

□北区

北区紫野北舟岡町の船岡山

古くは風葬地であり、保元の乱の後には処刑場となり、応仁の乱では主戦場の一つとなり多くの血が流れた場所である。現代においても巡視中の警官が襲われ射殺されるという凶悪事件が起こったり、首吊り自殺があったり、不穏な事件が発生している。

歴史的に人間の死と深く関わってきた場所だけに、無数の霊魂がこの山に漂っているのではないかと噂されている。だれもいないはずなのに足音だけがスタスタと付いてくるという気味の悪い報告もある。

北区上賀茂の深泥池

その名のとおり、泥が数メートルも堆積し、足を踏み入れると抜け出すことができず、入水自殺した死体も上がらないといわれている。この池を一躍有名にしたのが、タクシー怪談である。ある雨降る夜、とあるタクシーが深泥池の近くで雨に濡れた白いワンピース姿の女性客を乗せた。行先は山科区上花山だという。その辺りは火葬場しかないはず……と不審に思った運転手が途中バックミラーを覗き見ると、女の乗客は忽然と消えていて、後部座席のシートがぐっしょりと濡れていたという。慌てた運転手が交番に駆け込み大騒ぎになったとか（行き先が深泥池というバージョンもある）。この深泥池の話が元となり、同じようなタクシー怪談が全国的に増えていったといわれる。

なお、この池は京都最古の天然池で、氷河期からの動植物群が生き続けているといわれており学術的に大変貴重な場所である。深泥池水生植物群は国の天然記念物にも指定されているので、無暗に踏み込んだり荒したりするようなことは絶対してはならない。

□右京区

右京区府道50号線の保津川にかかる橋とトンネル

嵯峨野観光線トロッコ保津峡駅から徒歩10分ほどの場所にある橋とトンネル。自殺の名所として知られており、現場付近に花が手向けられていることがしばしば。また、橋の下を流れる保津川での水難事故も多い。元々が風葬地であることから、何かしらの強い念に引き寄せられるのではという噂もある。トンネル内での幽霊の目撃談や河原で川の中から無数の手に引っ張られたなどの心霊現象の報告は実に多い。京都でも有数の心霊スポットである。

右京区にある血の池

嵯峨野の北、「嵯峨天皇嵯峨山上陵」の裏に「血の池」と呼ばれる小さな池がある。入水自殺があった、殺人事件が起きた、等々気味の悪い噂が語られている場所である。遠い昔には、打ち首になった武将の首を洗ったり首を切り落とした刀を清めたりしたという。皇女が殺害されたという話もある。ここで命を落とした者の怨念によって池は血のように赤く染まっており、そしてそれを見たものは呪われるといわれている。

池の付近では怪我をする人が多いそうだ。

嵯峨嵐山にあるマンションH

メタボ建築という独特の造りのマンション。一見すると普通のマンションだが、幽霊マンションまたは自殺マンションと呼ばれている。噂によるとマンションオーナーの娘がマンションの吹き抜けから飛び降り自殺をし、その後誰もいない部屋から女性の呻き声が聞こえたり、女性の霊が現れるようになったという。

右京区府道１３７号線の清滝トンネル

数々の霊の目撃情報があり、関西ではよく知られるスポット。白い服を着た女性の霊が見えた、ボンネットやガラスに人の手形がついた等々、多くの心霊体験が報告されている。また、気味の悪いうわさも多く、例えばトンネル手前の信号に差し掛かった時に青信号になれば何者かに呼ばれているというサインであるといわれている。ほかにも、行きと帰りでトンネルの長さが異なる、トンネルを抜けたところにあるカーブミラーに自分の姿が映らなければ一週間以内に命を落とす等。かつてこの付近で女性が乱暴され自殺したという事件が噂にさらに拍車をかけているとか。

■京田辺市

あみだババアの池（阿弥陀池）

京都府京田辺市にある池。ここで溺死した老婆の霊が追いかけてくるという噂がある。特に雨の降る夜によく目撃されるようだ。池ではザリガニがよく釣れるが、夕方遅くまで釣りをしていると『ババアの霊に引っ張られるからさっさと帰れ』と叱られる。それほど地元では有名な話。

池の奥にはババアの墓があるが、塔婆はボロボロに朽ち果てている状態であるという。

■相楽郡

笠置観光ホテル
京都府相楽郡笠置町

京都南部、奈良県との県境近くにある廃ホテル。かつてはリゾートホテルだったが１９９０年に廃業し、解体が途中で放棄されたまま現在は廃墟となっている。経営不振に陥ったホテルのオーナーが正面玄関で焼身自殺をしたという話や、老婆の霊が出る、誰もいないはずのフロント方向から人の気配がするなど様々な心霊体験の噂がある。

放火による火事のため更に凄惨さが増し、その独特な雰囲気から廃墟マニアにも人気のようだ。なお割れたガラスや朽ちかけたコンクリート壁、エレベーターなど危険箇所が多いため、建物内部は立入禁止となっている。

■城陽市

水度神社のヨジババの絵馬
京都府城陽市寺田

パワースポットとして知られ、各地から参拝者を集める神社だが、その一方女性の霊や落ち武者の霊が出るなど怖い噂がある。女性の霊は、境内の裏山辺りに現れ、目が合うと追いかけてくるそうだ。この裏山では過去に自殺者が複数出ているという噂があり、そのことと関係あるのかもしれない。

もうひとつ、この神社で有名なのは「ヨジババの絵馬」である。1990年代辺りから全国的に子どもたちの間で語られるようになった怪談で、複数パターンがあるが概ね午後4時頃に学校のある場所にいると見知らぬ老婆に四次元の世界に連れ去られてしまうという内容だ。

水度神社の境内には江戸時代のものと思われる子どもを抱いた老婆（夜叉か）が描かれた絵馬が飾られており、城陽市ではこの絵馬の老婆が、子供をさらうヨジババだといわれている。ヨジババは自分の子供を失った母親で、夜になると絵から抜け出し、夜更かししている子供をさらっては、絵の中に連れて行ってしまうと言い伝えられている。

城陽市近隣では比較的古くから子供の間で語り継がれてきたようだ。

■綴喜《つづき》郡

宵待橋
京都府綴喜郡宇治田原町郷之口末山

ここでは自殺や他殺の投げ込み遺体が釣り師の竿によくかかるといわれている。深夜橋の上にぼんやりと立つ人の姿を見たという報告がある。連続殺人事件の死体遺棄現場になったということが気味の悪い噂をよりリアルにしているようだ。

■南丹市

日吉ダム・天若湖

1990年代に竣工した重力式コンクリートダム。このダムの建設により、天若集落の3地区、2百近い世帯が水没した。ダム周辺は、水没した墓に眠る古い霊たちの念で満ち溢れているという噂。

このダム湖では過去に自殺があったり、2000年初頭には白骨遺体が発見されたりした。そのため自殺者の霊が出るという噂もある。

■舞鶴市

念仏峠

京都府舞鶴市にある峠道。戦国時代、合戦で多くの武士がここで討死し、また江戸時代には罪人や一揆の首謀者の処刑が行われたと伝えられている。それらの人々に念仏をあげたことが峠名の由来とされている。

落武者の霊、処刑された人の霊が出るという噂がある。また、ターボババア系の都市伝説も伝わっている。「四つん這いババア」と呼ばれる老婆が四つん這いで車と同じスピードで追いかけてくるらしい。

ロシア病院

舞鶴市朝来の青葉山ろく公園の端に残る舞鶴旧海軍第三火薬廠。通称ロシア病院。もとは海軍省直属の重要な兵器工場で、当時の海軍が使用した爆薬の約半分がここで作られたともいわれている。終戦後多くは解体されたが山間部にあった建物だけがそのままとなり廃墟として今に残っている。鬱蒼と不気味な雰囲気で、ロシア兵や看護婦、包帯だらけで片足の男性の幽霊を見た等の情報がある。

■福知山市

某総合公園

京都府福知山市の北東にある総合公園。市民の憩いの場となっているが、自殺の名所という一面を持つ。池での入水自殺が多く、そのほか首吊り、練炭自殺、焼身自殺など……実に多くの人がこの公園で亡くなっており、そのため幽霊の目撃情報も多く、中でも公園の中にある電話ボックスに白い服の女性の幽霊が立っているという話は有名である。

一説によると、かつてこの近くに大きな遊郭があり、足抜けした娼妓や病を患った娼妓が行き場を失い、この池に身を投じたのだとか。成仏出来ない娼妓達が今も池のほとりに現れるのだという。

大阪府の怖い街

大阪府の怖い噂

大阪市某所
あのメロディーが運ぶ怪異

通りゃんせ

Mちゃんは幼い頃、大阪市内の病院に何度も入院し、大きな手術を受けた経験がある。

六歳のとき、一月ほど入院していた時期に、ゆきちゃんという子と仲良くなった。

同い年くらいの女の子で、プレイルームで何度か顔を合わせるうちに話をするようになり、一緒に遊ぶようになった。マンガを借りられる本棚があり、優しい看護師さんに一緒に連れていってもらったりした。

手術を前にしたMちゃんを、ゆきちゃんが励ましてくれる。

「がんばってね」

「うん。手術が終わったら、また一緒に遊ぼうね」

Mちゃんも勇気をもらえたようで嬉しかった。

手術が無事終わって、意識は戻っているがまだ身動きがとれないときのこと。

ベッドに横たわるMちゃんの耳に、ふいに電子音のメロディーが聞こえてきた。ひどく間延びしているが、聞き覚えがある。これは——童謡の「通りゃんせ」だ。

Mちゃんは入院して以来、何度かこのメロディーを耳にしていた。横断歩道で流れる、あれだ。ただ、機械が壊れているのか音が不安定で、途切れ途切れだったり、極端に低くなったり小さくなったりする。病院の近くに信号があって、皆が寝静まった深夜に、風向きによってここまで聞こえてくるのだろうと思っていた。

からりとドアが開く音がして、Mちゃんはそちらを見た。ナースステーションからの明かりを背に受け、シルエットになっているが、ゆきちゃんだ。

「遊びにいこう」

待ちきれずに誘いにきたらしい。

「まだ無理だよ」

体にはまだたくさんの管が繋がっている。とてもまだ遊べる状態ではなかった。

「車椅子にも乗れないから、無理だよ」

Mちゃんが言うと、ゆきちゃんは、

「そうかぁ、じゃあまたね」

と寂しそうに去っていった。

翌朝、付き添って寝ていた母親に、「夕べ、ゆきちゃんが来たね」と言った。

母親は、そんなことはないと首を振る。

「『通りゃんせ』が聞こえて、その後に来たやん」

なおもMちゃんが言うと、母親は怪訝そうな顔をした。

『通りゃんせ』の音楽は流れていないし、そもそもこの病院で一度も聞いたことがないという。

Mちゃんはびっくりした。あんなに何度も聞いている『通りゃんせ』を、母親が聞いていなかったとは——。

ゆきちゃんはそれ以来、部屋に来てくれなくなった。誘いを断ったので、怒っているのだろうと思った。

少し動けるようになってプレイルームやマンガの本棚に行ってみたが、ゆきちゃんに会うことはなかった。もしかして、もう退院したのかな——。

やがてMちゃんも退院した。以降も何度か小さい手術は受けたが、一月も入院するような大きな手術をしたのは、そのときだけだった。そのうち通院で済むようになり、入院病棟に行くことがなくなった。看護師さんも、外来担当の人にしか会うことがなくなった。

数年後、用事で入院病棟に行ったとき、懐かしい看護師さんに出会った。Mちゃんたちをマンガの本棚に連れていってくれた、あの優しい看護師さんだった。近況を報告し、思い出話をする中で、Mちゃんはゆきちゃんのことを聞いてみた。

「ああ、ゆきちゃんはね——亡くなったのよ」

Mちゃんが大きな手術を受けた前後だったという。

「意識が戻ったあの夜、『通りゃんせ』が聞こえて、ゆきちゃんが部屋に来てくれたんだよ」

Mちゃんが言うと、看護師さんは「そう」と声を潜めた。

「『通りゃんせ』のメロディーを聞いたことがあるっていう看護師さんは、何人かいたわ。私は聞いたことがないけど

——Mちゃんは、聞いていたんだね」

『通りゃんせ』を聞いたという看護師さんによると、そのメロディーが聞こえると誰かが亡くなるらしい。

なるほどな、とMちゃんは思った。同時に、ゆきちゃんはあのとき、どうして遊びに来たんだろうとも考えた。

Mちゃんが最後の大きい手術を経験したのは、七歳になる少し前のことだった。

「この子の七つのお祝いに——」

Mちゃんは元気になって七歳になり、ゆきちゃんは七歳になれなかった。

昔も今も、七歳を超えるか超えないかの境には、目に見えない壁があるのかもしれない。

（三輪チサ）

大阪市某所
某緑地のモスキート音
その音さえ聞こえなければ…

周辺住民の憩いの場であるはずの緑地公園は、時として非行少年の溜まり場と化すことがある。深夜の緑地にたむろする不良集団は近隣の治安を脅かす存在として行政の頭を悩ませてきた。

この問題を解決するため深夜の緑地内に試験的に流されるようになったのがモスキート音である。モスキート音は非常に高い周波数を持つため、若者の耳にのみ届くようになっている。聴く者を不快にさせるこの音は、非行少年を緑地から遠ざける効果が見込まれた。しかし、実際のほど効果はいまひとつであったため、実験段階ですぐにこの取り組みは中止となった。

果たして、中止の原因は本当にそれだけだったのだろうか。

映像の専門学校に通う久保田さん（仮名）は、モスキート音施策中止の原因は効果が薄かったことではないと言う。施策中止に至ったのは自分が高校時代に所属していた非行集団にあるはずだと青年は強く語った。

未だしぶとく残る熱気の中を秋風が走る九月深夜、いつもと変わらず、その日も彼らは緑地公園に集まっていた。思うままに走ることができるように、車通りの少なくなる時間になるまで止めたバイクに寄りかかり他愛のない話をするのが習慣だったのである。

しばらく駄弁っていると、突然耳を刺す金切り声が聞こえてきた。死神が耳元でさえずるようなその音は彼らの調子を崩すのに十分だった。場所を移すかと話していると同じ不良仲間である岡さん（仮名）の連れてきた恋人が泣き出した。彼女は涙を流しながらぶつぶつと呟いた。

「ごめんなさい許して、やめて、やめてよ」

岡さんは彼女の肩をゆすり、どうしたのか問いただした。

「耳元で女が殺す、殺す、殺して死ねって言ってるの」

彼女は泣き叫ぶように言った。彼らは彼女の発言を、今も鳴る不快な高音による空耳からくるものだと考えた。さらに殺す、殺して死ねとは何回殺す気だと空耳の内容を笑いさえしたが、彼女の涙がいつまでも止まらないので場も白けこの日は解散することにした。

バイクに跨り公園を出ると攻撃的なノイズは鳴り止んだ。久保田さんの前では岡さんが彼女を後ろに乗せバイクを運転していた。岡さんの背中にしがみつき今も泣き続ける彼女。早く彼女を休ませようと思ったのか、岡さんがアクセルを強く回した瞬間であった。彼女は何かを叫んだ。彼女の叫びはバイクのエンジン音にかき消され、その内容までは聞き取れなかったが、彼女が感じた絶望と悲痛の思いだけは伝わった。クラクションを鳴らして一度バイクを停めさせた方が良いかと考えているそのとき、彼女は運転する岡さんの目を両手で覆った。

　バイクは横転し、二人の体は車道に投げ出された。バイクを停めた久保田さんたちが駆け寄ると、彼女は消え入りそうな声で呟いた。

「ごめん、一緒に死んで……」

　二人は帰らぬ人となった。警察はこの事故を二人乗りでバランスを崩したことによるものだと判断した。久保田さんはこの事故をきっかけに非行集団を脱退したと言う。

「彼女が聞いたのはモスキート音じゃなかったんです。いや、彼女だけじゃなくて俺たちみんなこの世のものじゃない何かの音を聞いたんです。モスキート音が近くの怨念を集めたんですよ。きっと、この現象が多発したからモスキート音を流すのをやめたんだと思います」

　久保田さんはモスキート音中止の理由をそう熱弁した。帰り際、何かに気づいた彼は独り言を漏らした。

「殺すじゃなくて殺せだったのか」

（COCO）

茶屋町
記憶にない恋人

空想い

　恋は盲目とはよく言ったものだが、実際恋に落ちた人間は思いもよらない行動を起こすことがある。これは大阪に住む大学生萩原さん（仮名）が高校時代に体験した話である。

　十二月、クリスマスに向けて街の表情が変わり始めるころ、萩原さんは茶屋町を一人歩いていた。周りを見渡せばほとんどがカップルか親子連れ、もしくは友達同士のグループで、その楽しげな雰囲気が彼を歩道の隅へと追いやった。

「この女性を知りませんか」

　萩原さんに一枚の紙を手渡しながら話しかけてきたのは、背が高くいかにも人受けが良さそうな男性だった。男はおそらく萩原さんの少し年上で、整った顔立ちと白い肌がかえって目の下の隈を際立たせていた。

「僕の恋人なんです。どこかで見かけませんでしたか」

萩原さんにそう問いかける彼の表情には鬼気迫るものがあって、萩原さんは思わず言葉を返した。

「思い当たる節はないですね、すみません。いなくなったんですか」

男は落胆した様子で言った。

「そうですか。呼び止めて申し訳ありません。いやね、いなくなったわけではなくて元からいないんですよ」

そう言って立ち去ろうとする男を今度は萩原さんの方が呼び止めた。詳しい話を聞きたかった。ちょうど暇だったのである。


二人はカフェにいた。萩原さんは立ち去ろうとする男を半ば強引に引き留め、場所を移して話を聞くことにしたのである。男は宇野（仮名）と名乗った。

「彼女との出会いは、いや出会ったわけではないんですが、とにかく三年前、僕が高校二年生のときです」

宇野はアイスコーヒーの底に溜まったガムシロップをストローでかき混ぜながら話し始めた。

「僕はその当時部活に打ち込んでいて恋愛なんて全く興味がなかったんです。でも、ある日の朝練終わり、友達に言われたんです……」

友人は朝練終わりの宇野に大声で話しかけてきた。

「お前彼女いるんだったら言えよ。昨日帰るとき駅前で彼女に迎えに来てもらってるところ見ちゃったわ。いつから付き合ってんだよ」

宇野は恋人なんていなかったし、昨日は部の後輩と帰っていた。見間違いだと一蹴すると、友人は納得がいかない様子で、

「あれは絶対宇野だと思うんだけどなあ。宇野の顔も彼女の顔もどっちもはっきり見たし」

何度否定しても友人は食い下がったが、一緒に帰った後輩の証言も手伝ってようやく疑惑は晴れ、最終的には友人も見間違いだったと認めた。

数週間後、次はクラスメイトから疑惑をかけられた。

「先週の土曜、梅田で宇野が彼女と手つないで歩いてるところ見たよ。あの子うちの学校の子じゃないよな。どこの子だよ」

宇野は否定したが、その日は前回と違いアリバイがなかったためその話は有耶無耶のまま終わった。クラスメイトは話の最後にこう言った。

「さすがにあれは誤魔化しきれねえよ。だって、宇野も彼女もどっちの顔もはっきり見たもん」

一週間後、今度はクラスの女子に疑いをかけられた。

「宇野くん先週の日曜日、彼女さんと一緒に梅田でショッピングしてたよね。宇野くんがあんなにデレてるところ初めて見たかも」

宇野はまた否定した。しかし、その同級生は案の定こう言うのだった。

「見間違いなわけないよ。だって二人の顔はっきり見たもん」

宇野は何度も報告される目撃情報に困り果てた。自分には知らない間に彼女がいたのではないかとさえ思うほど、自身の記憶に確証が持てなくなっていた。

「彼女の顔見たんだよね、簡単でいいから似顔絵描いてくれないかな」

宇野は情報を寄せた女子にそう頼んだ。その子は美術部であった。

「別にいいけど、彼女さんの写真ないの。記憶だけで描くとあんまり似ないと思うんだけど」

宇野は付き合いたてだからまだ写真はないなどと誤魔化した。部活一辺倒のうぶなイメージもあってなんとか納得してくれたようだった。

その日の放課後には似顔絵が出来上がった。しかし、やはりその顔に心当たりはなかった。気味が悪かったが、これ以上どうすることも出来ないので、仕方なくこの件については放っておくことにした。

それから一か月後、その間にも宇野と恋人二人の目撃情報は時折寄せられたのだが、それまでとは異なるタレコミが入ってきた。それは似顔絵を描いた女子からの情報であった。

「この前宇野くんの彼女さんが一人で大阪駅にいるところ見たんだ。話しかけようかなとも思ったんだけど、よく考えたら私面識ないやと思ってやめた。急に知らない人から話しかけられたら彼女さんも怖がっちゃうだろうし」

宇野は底なしの恐怖に駆られた。自分と付随してでしか生きていけないはずの存在が自分から離れていくこと、自分に依存していた人間が一つの独立したものと変化することと、そのことが恐ろしくてたまらなかった。宇野は気づいた、いつの間にか自分はあの女のことを好きになっていたと。今すぐにでも彼女を探し回りたかった。しかし、会ったこともない、ましてや実在するのかどうかも分からない人間を見つけ出すことは不可能であった。宇野は心に悶々とした気持ちを溜めながらも何も出来なかった。

それから二か月ほどの間はその女が話題に上がることもなく、宇野の女を想う気持ちも小さくなりつつあった。そんなとき、似顔絵の作者がまた宇野に話しかけた。

「宇野くん、あの彼女さんと別れたんだね。茶屋町で彼女さんと別の男の人が歩いてるとこ見たんだ。あんなに仲良さそうだったのに、私影で応援してたんだよ」

それを聞いた宇野は怒りと悔しさと情けなさ、それら名のついた感情と動揺という言葉で一括りにされるような名もなき感情が塊になって襲ってくるような感覚に見舞われ、立つのもやっとの状態であった。目撃情報を話した張本人は余計なことを言ったことに今更気づいたらしく、ばつが悪そうに去っていった。宇野は裏切られた悲しみで胸が張り裂けそうだった。宇野は彼女から一度も別れを告げられてなどいない。当然である、付き合っていないのだから。そもそも、面識すらないのだから。頭では分かっていた。しかし、突如訪れた失恋の苦しみは宇野の理性をとうに吹き飛ばしていた。とにかく彼女を見つけ出そう。彼は唯一の手掛かりである似顔絵を片手に学校を飛び出した。

「それから僕は彼女の目撃情報があった場所を回って似顔絵のコピーを配っているんです。進展もないまま三年も経ってしまいました。高校も辞めちゃったし、もう後に引けないんです」

萩原さんは宇野に手渡された紙を改めて見た。どこかで見たことのあるような、ないような、とにかくピンとこない顔だった。萩原さんは宇野に尋ねた。

「見つけ出してどうしたいんですか。やっぱり復縁したいんですか」

宇野は少し悩んで答えた。

「正直、自分でもよく分かんないんです。浮気された怒りで殺してしまうかもしれないし、仰る通り復縁を迫るかもしれません。案外、いざ見つけたら冷めちゃうのかもしれませんね」

宇野は氷が溶けて薄くなったアイスコーヒーを飲み干して席を立った。

「じゃあ、僕はそろそろ行きます。捜索に戻らなきゃ、クリスマスまでには見つけ出したいんです」

宇野は爽やかな笑顔で去っていった。

その日の帰り道、萩原さんは宇野の探す女らしき人とすれ違った。彼女は男と腕を組んで歩いていた。萩原さんは早歩きでその場から離れ、今見た光景を必死に忘れようとした。一刻も早く忘れなければ自分も彼女に恋してしまいそうな気がした。


（ＣＯＣＯ）

千日前Mビル

やっぱり、「居る」らしい…

霊の吹き溜まり

オールナイトの怪談ライブで40代女性Aさんと知り合った。Aさんはディープな怪談ファンで、時間が合えば、全国のライブに参加しているという。祓ったり会話したりはできないが、霊が視えるというので、話していると寄ってくるというのは本当かきいてみた。以下、Aさんからきいた話。

「幽霊が視えてるって自覚したのは、小学校のときだよ。道にいる暗い感じの男の人のことを、母親に『あの人、変だね。どうしたんだろう』っていったら『やっぱり視えるの。ああいう雰囲気の人が視えても話しかけたり、友達にいったりしないんだよ』っていわれたのね。それで何となく気がついたんだよ。だいたいの幽霊は暗い感じなだけ。血だらけとかぐちゃぐちゃって私は視たことないんだよね」

Aさんの霊の視えかたは、普通の人間より白黒っぽい。周りの空気ごと重い。暗い。俯いている。といった具合らしい。人の後ろに視えることもあるが、道路や店の隅にいることが多いそうだ。

「大阪のMビルでやった怪談ライブはヤバかったね。怪談ライブってお祓いとかしてるのか、視えたことがなかったのよ。それが、Mビルのときは違った。めちゃくちゃ霊がいた。怪談師の人が一話話すと、2、3人出てくる。増えては消え、増えては消えしてたんだよね。それも舞台上に出てくるから、嫌でも目に入っちゃう。結局、朝までに20人くらい出てきたと思う」

怪談が始まると、舞台の隅のほうに、俯いた霊が浮かび上がるように現れ、視ていると消えて行く。何かをいいたげとか、気づいて欲しがっているとかは、まったく感じなかったそうだ。

「怪談してたのも、もちろん原因だろうけど、問題はMビルだよね。行ったことある？　あそこって変な感じなんだよなぁ。昼間見ても夜みたいに暗く感じるし、天井が低くて、抜けるところがない。霊だけじゃなくて、生きてる人間の念とかもこもってそうなんだよね」

Aさんは、感じやすい人が行ったら、妙に気持ちの悪い場所が分かるはずだという。その空間だけ重く、空気が留まっているような感じがする。そうしたら「そこに霊がいるよ」とのことだった。

（桜木ピロコ）

千日前 家電量販店
ミナミが抱える戦慄の闇

大阪のミナミといわれている界隈は地元関西の人間にとっては慣れ親しんだ街であり、昨今は観光客が全国から訪れる人気スポットである。とにかく賑やかで、とにかくコテコテという大阪らしさが前面に出ている。

しかし、その喧騒とは裏腹の土地が憶えている恐ろしい歴史があるのはご存知だろうか？

ミナミの道頓堀は今でこそ、食べ物屋さんや雑貨屋さんが立ち並ぶ、街ぶらに最適な場所というイメージが強いが、江戸時代にはその通りには歌舞伎の芝居小屋が6つ、浄瑠璃の芝居小屋が5つ、その他にもう1つの芝居小屋という十二の座が存在していた。後に幕府の改革により、通りの西側から《筑後の芝居》《中の芝居》《角の芝居》《若太夫の芝居》《竹田の芝居》と5つの芝居小屋に減らされてしまうが、時を経てそれぞれ《浪花座》《中座》《角座》《弁天座》《朝日座》と名称を変えたことから総じて《道頓堀五座》と呼ばれるようになった。そこで演じられたのは人形を使った《文楽》であり、いままさに起きたばかりの事件を題材にした演目を上演したことで大変な人気を博した。というのも、道頓堀の南側に現在では千日前通りという東西に車道が通っているのだが、江戸の頃はその通りを挟んだ南側には《刑場》があった。単に刑場といっても、その中に於いては磔獄門や斬首した首を晒していた。

現在に置き換えると……《大型家電量販店》の千日前通り側で磔獄門が執行され、その東側の商業ビルあたりで首を晒していたと考えられる。ちなみに斬首自体はその場では無く、隣り町にあった《松屋町牢獄》で早朝に行われ、首だけが千日前に運ばれて来て、首の切断面から流れ出る血や髄液を井戸の水で洗い流してから晒していたようだ。その井戸は明治になって刑場が廃止された時に封鎖されて、現在ではその上に吹き抜けの商業ビルが建てられているが、霊気が空に抜けていくように、そういう建築方法になったと噂されている。

そして、磔獄門が行われていた場所であるが、現在の大型家電量販店になるまでにいろいろあった。その中でも《千日デパート》というデパート以外に飲食店がテナントとして入った地上7階建てのビルだった頃の1972年5月13日の深夜に、デパート閉店後の電気工事中だった3階から出火した炎は鎮火するまでの9時間の間に2階から4階まで延焼し、死者118人・負傷者81人という多大な被害を出して日本のビル火災として最大の惨事となった。死傷者の多くは7階で営業中だったキャバレーの店内に大量の煙が流れ込んだことに因るものだった。7階の店内の窓ガラスを開放し、外に身体を出して煙を避けている人々が苦しくて地上に飛び降りるショッキングな様子が当時のニュース映像として流されていた。その後、その場所は新たに商業ビルが建て直されたのだが……従業員の間で「全身、焼け焦げた人間を見た」という火災による被害者をイメージさせる霊現象を目撃するのが頻発したようで、中に入った或る店舗にいたっては本来の就業時間以外の残業を禁止したといわれている。つまり、残業中の深夜に特に起きた事象であったとも考えられる。また、目撃談の中には「首の無い、人間の胴体部分だけがゆっくり歩いてるのを見た」「ザンバラ髪の生首が転がっていた」などの証言もあり、これはかつてその場所にあった刑場の様相を再現したようなものである。そして、ビル北側の道路では……お客さんを待って停車しているタクシー乗務員が「空からパラパラと人間が降ってくる」のを見たり、中には「若い女を後部座席に乗せて、告げられた行き先に向かってタクシーを走らせて、目的地に着くと……女の姿が消えていた。乗せた時から何か違和感があったが、女がいなくなった後で気づいたのは……車内がずっと焦げた臭いが漂っていたということだった」という具体的な経験したようだ。

これはまさに土地が憶えている記憶による怪現象であろう。

このあたりの《千日前》という地名もただ単に響きが良くて付けられたのでは無く、近くに現在もあり、大阪ミナミの名所として演歌にもよく歌われている《法善寺》というお寺が江戸時代に千日間の法要を行ったことがあり、その時に近所の人々はお寺を《千日さん》と呼ぶようになった。その前にあるから《千日前》という地名になったのだといわれているが、法要は刑場に晒された人々の霊を鎮めるためでもあったのでは無いかとも考えられており、それは当時の罪人のかなりの割合が冤罪であり、多くが無念の死を遂げていたことからも、その怨念が土地に残り続ける理由があり、その後の様々な出来事に起因してると憶測される所以でもある。

刑場は明治になると廃止されて、その一帯に広がる火葬場や灰置き場も一掃されることになるのだが、当時の火力は強いものでは無かったため、遺体が灰のように燃え尽きることは少なく、かなりの部分が燃え残る形で、しかも荼毘にふされるのは罪人の遺体だけで無く、付近のかなり広範囲の住人の死体も扱っていたので、火葬場に送られて来る遺体の数は多かった。だから、燃え残った部分はゴロゴロと山積みされていたともいわれている。それは現在でいうと、あの大きな〈お笑いの劇場〉あたりにまで占めていたようだ。

　それを明治に無くしてしまうのは大変なことだった。まず、そんな土地に人が寄りつかない。政府としてはそこに新たな町を造りたかったのだ。それで希望者には区間に応じてまとまったお金を支給し、そのお金で土地に残る灰を綺麗にして、残った分で店を開くなどして永住させようとした。政策は当たって、程なくして新しい町は出来ていって、現在に至っているのだ。


（渡辺裕薫）

新世界 ブティックの霊能力者
人生を救ってくれる謎の店主

　生野区出身の40代男性が「秘密の話」として教えてくれた。男性は、現在は東京都在住。

「新世界にあんまり流行ってない洋服屋があるんだよ。たまに、そういう店あるだろ。古い服をいつまでも置いてるとこ。詳しい場所はいえないな。俺も、教えてくれた知り合いから広めるなっていわれてんだよ。まぁ、そこの本業は霊視っていうのかな。悩みごとをきいて、ちょっとしたお祓いをするっていうのなんだよな。限られた人しか知らないよ」

　世の中には、メディアやネットに出ていない霊能力者が多数いるときいたことがある。そして、そのような人に限って、本物であるともいわれている。

「宣伝してるヤツらはダメだろ。詐欺師か力があっても弱いとか少しだけとかだろうな。そこはすごいよ。『先生いらっしゃいますか？』って店のおばちゃんにいうと『あ』っていって奥から70歳くらいのおじいちゃんを連れてくんだよ。普通のおじいちゃん。白髪で背もそんなに高くないし、体型も普通の人。その人の前に座ると、息を吐きながらこっちの頭を両手で上から下に撫でるんだ。で、いま、こっちが悩んでることをズバズバ当ててくる。それが、例えば人ならよく着てる服とか、顔の雰囲気とか性格とか全部当ててくんだ」

　男性は数年前に飲食店に勤める女性から、この霊能力者の話をきいたそうだ。その後、何度も店に行こうとしたが、そのたびになぜか予定が入り、行けなくなる。女性は「きっと、何かに邪魔されてるんだと思う」といっていたという。

「俺も、褒められた人間じゃないから悪霊だか生霊だかは何体か憑いてるだろうと思ってたよ。それが、その先生がいうには、何も憑いてないって。ただ、いま付き合ってる女がよくないっていうのはいわれたな。大酒飲みで暴力的。金を持ち逃げされるっていわれた。性格や容姿なんかそのものの特徴いってきてびびったよね。その先生が、呪文みたいのを唱えて、肩から何かを払い落とす仕草を何度もしてくれたよ。紹介してくれた知り合いからは、ティッシュに五千円くるんで渡すのが相場ってきいてたけど、俺は三万渡した」

その後、男性は、そのとき付き合っていた女性からふられるかたちで別れることになったという。

「俺は何度か行ってるよ。けっこう助けられてる。何もいわなくても状況を全部当ててくるのをきくのも面白れぇんだよな。俺は娯楽の一つだと思ってるけど、あの人は本物だよ」

古着屋ではなく、中高年女性向けのブティック。流行っていない、としか教えてもらえなかった。

（桜木ピロコ）

梅田R大阪
憧れの場所で起きた怪異
初めての心霊体験

旦那の妹の結婚式で大阪に行くことになった。乗り物酔いがひどく新幹線に乗ることがストレスだし、旦那の両親のことが好きじゃないから、気が重くて仕方ない。それでも、宿泊は憧れの「R大阪」に決めたので、まだ楽しみがあった。旦那の実家に泊まるのも免れたし。

結婚式、披露宴ともにつつがなく済み、旦那の親族とも当たり障りのない会話をし、一日が終わった。やっとRに戻れる。クラシックで貴族が住んでいるような部屋は、そこにいるだけで気分が華やぐ。疲れた身体もあっという間に回復した。結婚式で、たくさん食べたので、部屋で、旦那とまったりお酒を飲む。

気分がよくなって、記念にと、二人で写真を撮った。窓側にある椅子に座り、後ろに旦那が中腰になるかたちだ。旦那がこちらの手に手を重ねてきて嬉しかった。

夜の12時を過ぎた頃、そろそろ寝ようかとベッドに入った。キングサイズのベッドの部屋で、旦那は右。こちらは左といつもの並びで眠りについた。

部屋の電話が鳴り起こされた。ホテルの部屋の電話が鳴るなんて経験はなかったので、しばらくはぼーっとして受話器をとることを忘れていた。はっと気づいて受話器をとりあげ、耳にあてると無言。どこからかかってきているのか分からないが、こちらが黙っていたらかけてきた相手も黙っているのだ。気持ち悪くなってすぐに電話を切った。ベッドわきの時計を見ると午前3時過ぎ。何だかぞっとする時間だ。

それから同じような無言電話が朝の7時までに二度かかってきた。後の二度は、よく聞いていたら息遣いが聞こえた。男だ。本当にごくわずかな息遣いだった。

眠りの深い旦那が目覚めたので、電話の件を報告すると「俺、すごく寝苦しくて、夢だか現実だか分からないけど、部屋に男が入ってきたんだよね。何でかそのとき時間が分かって確か3時10分くらいだった。時計を見たわけじゃないのに、時間を感じたんだよな」という。

とんでもなく怖い目に遭ったとは思ってなかったが、後日、雑談として会社の同僚にその話をした。すると「あー。Rって確か自殺とか何回かあったよね。男の人の首吊りもあったと思った。その部屋だったんじゃない」といわれ、急激に恐ろしくなってしまった。

デジカメで撮った結婚式の写真を見返していたら、二人でRの部屋で撮った写真が出てきた。こちらの手に重ねた旦那の手。その上に指を重ねるようにもう一つ手が写っていた。

心霊体験というものを初めてしてしまった。

（桜木ピロコ）

梅田 泉の広場
その女を見かけたら、要注意！

大阪梅田の泉の広場といえば、立ちんぼスポットとして有名である。２０２１年、ここで客待ちをしていた、立ちんぼの一斉摘発が行われた。17歳から64歳までの女性61人が現行犯逮捕されたのだ。この逮捕劇には、泉の広場の「赤い女」の呪いが関係している。

赤い女とは、泉の広場に現れる、幽霊とも人間とも判別できない怪人物。長い黒髪に、ぼろぼろの赤いドレスを着た小柄な女性が、いつも、ふらふらと立っている。ときに、この世のものとは思えないスピードで笑いながら、近づいてくるという。そのときに、目を付けられた人間のほうは、金縛りにあったように、動けなくなるのが定説だ。赤い女の目撃談は多数あり、実際に彼女の正体を知っているという人もいる。

赤い女は「アキちゃん」という名前の立ちんぼで、男に騙されておかしくなったのだそう。アキちゃんが幽霊なのか、精神病者なのかははっきりとはされていない。

実は、昨年の一斉摘発は、赤い女にとり憑かれた一人の男性警察官に端を発する。泉の広場の立ちんぼに頭を悩ませていたこの警察官。勤務日のみならず、休日も、暇さえあれば泉の広場の監視をしていた。立ちんぼだと思しき女性を見かけると「こんなところにいたら捕まってしまうよ」と口頭注意してまわっていたという。

ある日、赤い女と遭遇した警察官は彼女にも言葉をかけたそうだ。すると、その日から毎晩、夢に赤い女が現れる。真っ黒の目をし、にたにたと笑う女が猛スピードで顔面すれすれまで近づいてくるのだ。

悩んだ警察官が、知り合いに紹介された霊能者のところに相談に行くと「赤い女は、金をとりっぱぐれた立ちんぼたちの怨みの念の塊。祓うには、泉の広場から売る女も買う男も排除しなくてはならない」と助言を受けた。

これが、泉の広場浄化作戦のきっかけになった出来事なのだ。

赤い女はいまでは、別の立ちんぼスポットに移動したらしい。


（桜木ピロコ）

新淀川大橋
橋の上で誰かが待っている？
橋上の出来事

大きな川を渡る巨大な橋。そこには様々な怪異が目撃されるのであるが……大阪キタの中心部新大阪方面に向かうのに淀川を越える時に渡る《新淀川大橋》は特に強い念が残っているようだ。

この橋は１９７０年に大阪万博開催直前の3月に完成するまで、第二次大戦以前から構想がなされており、１９３９年には橋脚部分が完成したのだが、戦時中の資材不足と資金調達の困難から建設の再開となった時には20年の歳月が経過していた。その後、１９６４年に東海道新幹線の開通を目前に新大阪駅への交通網の確立のために地下鉄御堂筋線の高架とそれに並走する府道として開通している。

戦中には大阪は大空襲により甚大な被害を受けたが、特に中心部を流れる淀川には戦火から逃れようとたくさんの市民が飛び込んだが、爆撃の熱風で一気に熱せられた川の水により犠牲になっている。そんな壮絶な記憶も時代とともに景色は移り変わり、淀川は穏やかに流れる日々ではあるが、戦争の悲惨さを言い伝える事で風化をさせてはいけないという人々の思いが残り続けている。その表れなのか……淀川の上を渡る複数の橋の周辺で「真夜中に橋を渡っていると、向こうから人が歩いて来たが、すれ違う瞬間にそれは人間では無く、黒い立体感のある人影だと気づく。恐々後ろを振り返ると既に人影は消えていた」「夕暮れ時に橋の下の川に面して整備された遊歩道を散歩していると川の方からガヤガヤと複数の人の話し声が聴こえて来たのでちかづいたが誰もいなかった」といった心霊現象が目撃されている。ほぼ全ての事象が大空襲との関連を想像させるものなのだが……新淀川大橋の心霊現象は異なるのだ。

筆者の知り合いにA氏というラジオ局の音声スタッフをされている方がいて、ある日、A氏は奥さんと2人で自家用車で買い物に出かけた。車は新大阪方面から梅田に向かっていた。その通り道である新淀川大橋を走っている時、A氏の車と並走する形でワンボックスタイプの車が助手席に座る奥さんの隣に現れた。慎重に運転をするAさんは「あれ……?」と思った。というのもバックミラーなどでそんな車が背後から来てる事を確認出来てなかったからだ。すると、ワンボックスは少しだけスピードを上げたようで奥さんの隣あたりにワンボックスの後部座席の窓ガラスが見えて、そのまま並走を始めた。A氏は何となく違和感を抱き、助手席の車窓の向こうを見た。相手の車の後部座席の窓ガラスに小さな子供が3人、顔を寄せるようにしてこちらを見ている。A氏は運転中という事で前方の確認の合間にチラチラと子供たちの姿を見たのだが、3人とも無表情である事に気づき背筋がゾクっとしたという。家族連れで出かけているような、よくあるワンボックスの雰囲気とあまりにかけ離れている事が気になったAさんは少しアクセルを踏んで、運転席のハンドルを握っている者の容姿を確認しようとしたがよく分からなかった。先を左に車線変更をしたかった事もあり、Aさんは更にアクセルを踏み込んでワンボックスを追い越したのだが……車内のバックミラーにその車が映っていなかった。いや、そればかりか、その車は消えてしまっていたようだ。

青ざめるAさんの横顔に気づいた助手席の奥さんは「どうしたの？　私の隣に車？　ずっと外を見てたけど……車なんて並走してなかったよ」と怪訝そうに答えた。車はAさんにしか見えてなかったのだ。単なる見間違いとして片付けられたのだが……それから数ヶ月して、Aさんの職場であるラジオ局のスタジオで収録を終えたベテランの男性タレントのK氏がふとした世間話の流れで「そういやぁ、この前、車で走ってたら横に並んで来る車があって、後部座席の窓ガラスに3人の子供が顔寄せてこっちをじぃーっと見てるから、不気味やなと思って追い越したら……車がいなくなったんよ」と話しだしたので、その場にいたAさんが驚いて確認すると新淀川大橋での出来事だった。しかし、車はワンボックスでは無くてセダンであり、運転席側での並走だった。全ての状況が一致しているわけでは無いが《後部座席の窓から見つめる無表情な3人の子供》という核心と、ともに新淀川大橋であるという事にA氏は震えた。K氏はもともとA氏が先に体験した怪現象を知らなかったうえ、別の知人が運転中に《並走する車の後部座席の窓から見つめる無表情な3人の子供》に遭遇する体験をした話を聴いていたのだ。もちろん新淀川大橋での出来事なのだ。

かつて、橋の上で3人の子供が犠牲になる事故が起きたのだろうか。確かめるすべは無いが、確実にその怪現象は続いているようだ……。

（渡辺裕薫）

住之江公園

公園に彷徨う強い怨念

怖いベンチ

漂う霊気の存在に気づいた時、人は放心状態になり、後で時間を置いてから出来事を振り返り、その理由を考えるものである。

住之江区は大阪市の南西に位置し、現行の大阪市24区のうちでは最も広い面積を有する。公園や緑地部分も多く、中でも住之江公園は街の中心部にある都市公園として市民に親しまれている。

その公園内に生い茂る木の下に置かれているベンチには人間の形状をした真っ黒なモヤのようなモノが座っているのが目撃されている。それは陽が落ちて、園内が街灯により薄らと照らされる頃に現れるようだ。遠くから見た感じではベンチで本当に人が座っているのだと勘違いする程で、ただその佇まいが頭を抱えているようにも見え、生気を失ったかのように感じるくらいにどんよりとしているというのだが、それもそのはずで、こちらが近づくとその姿は実態の無いモヤだと気づくのだが、瞬間にそのモヤはすぅーっと生い茂る木に向かって昇ったかと思うと、サッと消えてしまうといわれている。ベンチに座っていた人影がいきなりピーンと背筋を伸ばしたかのように引き上げられるシルエットはまるで木の枝に首を吊っているかのようだという。

この影の主の正体は判明はしていないのだが、公園の外を通る府道29号大阪臨海線をはさんで向かいには住之江区競艇場があり、そこで人生を賭けて大金を投じたものの負けてしまった男の影ではないかともいわれている。ただ、ベンチ上の木で人が首を吊ったという記録は無いようで、考えられるとすれば、どうしようも無くなって人生を悲観した男がそのベンチに座り込んで頭を抱えていた《念》がそこに残り、上に吊り上げられていく姿は彼の後の末路を映し出したのではないかという事だ。殺人といった凶悪な生死の境目がそこで起きなかったとしても、ましてや自暴自棄になってその場で座っていただけでも、残留思念というのはあり得るのだ。

それだけではない。実はそのベンチの裏手には大阪護国神社という戦没者の御霊を奉斎する神社がある。戦没者は大東亜戦争だけでなく、日露戦争・日清戦争・西南の役と遡り、明治維新に起きた天誅組の変、西南の役の犠牲者を始めとする十万五千余柱の御霊をお祀りしている。その場所が霊道の役割となったのかも知れない。というのも、神社に隣接した小さな児童公園ではかつて首吊り自殺者がいたといわれており、鑑みればその人がベンチに座って悩み抜いた後で……という事も考えられる。

苦悶に満ちた人影をした黒いモヤは目撃者に何か危害を加えるような存在ではない。我々がその存在に気づいた途端に吊り上げられるシルエットを見せて消えてしまうのは、その短い時間の中で自分の人生の終末を知って欲しいという、強い思いの現れではないだろうか。

（渡辺裕薫）

飛田新地 世に出てこない怖い話
色街で起こる奇怪な現象とは？

飛田新地に勤める女性たちはあまりマスコミの取材を受けてくれない。ある媒体の取材対象として知り合ったAさん（20代・女性）は、人当たりがよく話し上手な人で、色々な話をきかせてくれた。

その中で知った怖い話を二つ、記しておこうと思う。

「飛田にきたのは、純粋にお金になると思ったから。東京でも風俗をしてたんだけど、ホストに行ったりゲイバーに行ったりして、すぐにお金使っちゃうから。東京、飽きたしね。私がいるお店は、メイン通りの東側にあるよ。かなり古い店。畳を換えたりはしてるんだろうけど、建て直したりはしてないんじゃないかな」

飛田新地にきてそれほど長くはない。風俗しかしたことがない。Aさんは今時の女性にしては、思慮深い顔をして寂し気に笑う。そんな陰のある雰囲気が人気なのか、コロナ禍でも客は途切れなかったそうだ。

「いまはさ、私みたいに自分で選んで飛田にくる子ばっかりだけど、昔は違ったんだろうね。男に売られたとか、家のためとかさ。うちのお店の部屋の押し入れね『死』とか『殺』とか書いてあるんだよ。誰か昔の女の子が書いたんじゃないかな。監禁部屋があるって噂のお店もあるしね。昔の建物だからあり得ると思った。娼婦の怨念こもってそうだよね」

利用するとよくないことが起こる。そこの部屋でお客をとっている女性は精神に異常をきたす。そういわれている店もあるそうだ。

「客引きのお姉さんにきいたんだけどね、昭和の初めの頃の話だって。客と結婚して飛田をあがるって女の人がいたんだって。でも、その女の人を恋愛感情的に好きだった女の子がいて、ショックで客がいないとき部屋で自殺したんだって。包丁を使ったから部屋中血まみれで大変だったんだって。それ以来、その部屋を使うと女の子は頭がおかしくなる、男は出世しなくなる、事故に遭う、病気になる、っていわれてんだって。どのお店かもちろん知ってるよ。メイン通り東側だよ。飛田は無法地帯だから、何が起こってももみ消されちゃう。最近でも、中国人に買われて中国に連れて行かれた子の話とか、23時になるとあらわれる小さい男の子の話とかけっこうあるよ」

飛田新地での話が世に出回ることは少ない。貴重な怪談をきけた。

この二つ以外は公にできない話ばかりだった。

（桜木ピロコ）

大正区某所 胴体が捨てられていた場所
残酷な歴史地区の現状に迫る

江戸時代に各所に置かれた刑場は幕府に盾突く者を処罰するその無残な様子を衆人に晒すことで、犯罪の抑止力となる意味合いがあった。もちろん公序良俗の観点から町人の治安を脅かす違法行為に対する取り締まりは表向きとしてはあったが、その実は定期的に極刑を執行すること自体が目的だったといっても過言ではないだろう。基本的には身分や生活に対する抑圧の無い存在である町人には幕府の脅威をある程度植え付けるにはうって付けであったのが刑場の存在なのだ。そのためには磔獄門や晒し首の現場を見せるだけでは、物足りなかったわけであり……牢獄から縄で縛られた囚人を馬に乗せて町中をゆっくり周りながら刑場へと向かう市中引き回しが行われていた。この時、罪状を書いた札や幟を掲げて広く周知するようにしていた。現在の地名でいう《松屋町》にあった牢獄で天明2年（1781年）から天明5年（1785年）の5年間で230人の囚人が死刑を執行されているが、そのうち56人が市中引き回しの後に執行されたと大阪町奉行の記録に残されている。朝から市中引き回しで千日前の刑場に到着した囚人が磔、火炙りなどにより処刑されたり、獄門の場合は市中引き回しの後に再び牢獄に戻って斬首されて首だけを刑場に運んで3日間晒されたという。ちなみに、かつて牢獄だった場所は現在は《中大江公園》という子供が賑やかに走り回る児童公園となっているから時代の移り変わりというのは不思議である。

では、首を落とした後の胴体はどうやって処理したのだろう？　そういう疑問が浮かんで来るのだが、当時は胴体のみを処理する場所を幕府は設置していたのである。

それは現在の大阪市大正区三軒家2丁目にあった難波島という場所であり、そこは木津川という川の大きな中洲だったが、元禄12年（1699年）の工事で中洲の中央部分に川の流れを集中させたことで難波島は二つに分かれ、東側の《月正島》と難波島は西側に縮小された。

この頃は大阪には千日前の刑場だけでなく、《鳶田刑場》《野江刑場》《三軒家刑場》と計4箇所があったようで、三軒家刑場の近くに処刑後の遺体を処理する場所があった。そこでは千日前の刑場の死体も処理をしたといわれている。しかも、遺体は生前の罪状によって処理の区分けがされていた。死罪のなかでも、仏さんとして供養することが許される者ばかりではなく、重罪になると供養することが許されずに廃棄されるモノとして扱われたのだ。大きな穴を掘った部分に次々に投げ込まれていったという。なかには刀の試し斬りに使われたり、解剖に使われたりもした。時代を経て、辺りを開発している時に多数の人骨が出てきたことからもかつて行われていた刑罰の凄惨さがリアルに浮かび上がってくる。

その三軒家の近くに《大浪橋》という昭和12年に開通した橋があり、この橋から下を流れる木津川に飛び降りした自殺が何度も起きているのだ。刑場だった頃の呪縛霊が人を呼んでいるのだろうか…。橋の上では黒い人影の目撃情報もあり、飛び降りた人の霊なのか、それとも。

筆者はこの地に足を運んで橋をバックに川沿いで動画を撮影したのだが、画面を何度も確認したのにも関わらず、後で見ると何も映っていなかったことがあった。よくいわれるのが「いわくある場所だとしても、霊の影響があるのなら、そこに住んでる人に次々に怪現象が起きないとおかしいのでは？」だったりするのだが、住んでる人に起きるのではなく、興味本意で近づこうとする者に霊はアプローチするのではないだろうか。

（渡辺裕薫）

大阪南港フェリーターミナル

トイレの鏡に映る幽霊

鏡の国から忍び寄る人物とは？

高校生くらいの頃、四国からよく大阪へフェリーを使っていっていた。友達と関西へ服を買いに行くのが好きだったので、フェリーだと大阪に早朝について一日居られるので旅費を削って洋服代にあてられたのだ。

夜に四国の港を出て朝大阪南港フェリーターミナルに着く。電車は動いているがすぐに街に出てもお店もほとんど開いていない時間なので結構時間を持て余す。

メイクしたり着替えたりと寒さや暑さしのぎもあって大阪南港フェリーターミナルにあるトイレにはちょこちょこ出入りをしていたのだけど、大阪南港フェリーターミナル2階にある女子トイレの鏡が怖い。誰が言い出したかは忘れたけど仲間内で少し噂になった場所である。

手を洗おうと水を出しているとその水の音に紛れて「あぁあぁぁぁあああぁ」と低くうめくような苦しそうな声が聞こえてくる。空耳かもと思って水を止めると声も止む。が、ふと顔を上げて鏡を見るとそこに髪の長い女の人の顔が自分の左肩越しに見える。

あまり混んでる時間に行ったことがないので余計に薄気味の悪い話だった。

「鏡に映る幽霊を見たことがある」という一緒によくフェリーに乗っていた友達と、大阪に住む友達とその友達の4人で話しているときその話になった。

フェリーターミナルの女子トイレに幽霊がいるという話があって私も見えたことがある、と友達が話すと、

「それは港のトイレにいる幽霊じゃないよ」と、私たちはその日が初めましてだった大阪の友達の連れてきていた友達に言われた。

彼女は霊感があるらしく、

「フェリーに乗ってさ迷っている霊だと思う。どこか行きたいところがあるけど行き方がわからなくてフェリーを乗り降りしている人に途中までついていっている」と続けた。

フェリーターミナルの2階の女子トイレはフロアの一番奥の角にある。だから行き止まりになっている最後の水場だからそこから先に行けない、と。

「だけど今、貴女についてきてる」とその霊感のある子は一緒にフェリーに乗ってきている友達に言った。その場の

空気もあり友達は冗談っぽく流そうとしていたが顔は引きつっていた。

「今はついてきてるけどフェリーに乗ったらまた船内に戻ると思う。でも気に入られているかも知れないから（地元に）帰っていくときついてこないように気を付けてね」

そう付け加えていたがそれを聞いて友達は特に何も答えなかった。夜になり帰りのフェリーに乗るために大阪南港フェリーターミナルに向かっているとき、友達に「昼間の話って信じてる?」と聞いてみた。彼女は
「どうだろう。大丈夫だよ」

と曖昧に答えた。もしかしたら当時すでに何か思い当たることがあったのかも知れない。

その後詳しくは書けないが彼女は恋愛関係のトラブルが絶えず何度かお祓いにも行っている。その話を聞く度に大阪南港フェリーターミナルの幽霊と大阪の霊感のある子に言われた言葉を思い出してしまった。もう20年以上前の話になってしまうが、フェリーターミナルの2階の女子トイレの鏡に映るという幽霊は今もどこかをさ迷っているのだろうか。


（愛葉るび）

滝畑
集まってくる場所
滝畑トンネルと滝畑ダム

大阪府河内長野市滝畑にある滝畑《たきはた》ダムは大和川水系石川の上流部に1967年に着工、14年という長い歳月をかけて1981年に竣工した。堤高62メートルと大阪府内最大規模のダムである。此処は夜になると人影をした複数の幽霊が堤の上を行ったり来たりするのが目撃されている。かつてダム湖に転落して亡くなった犠牲者が現れるのだといわれている。連れて行こうとするので決して夜に興味本意で訪れてはいけない。

そんなダムの近くには人気のサイクリング施設《関西サイクルスポーツセンター》があり、休日にはたくさんの親子連れが訪れる。そんな明るい施設でも「前を歩いていた親子がフッと消えた」という霊体験をした声も聴かれる事から、この辺り一帯は霊が滞留しやすい地形なのかも知れない。墓地や斎場（火葬場）が密接している事も怪現象に拍車をかけているのだろうか……。

また、《滝畑》といえば《ダム》と並んで言い伝えられているのが《トンネル》の怪異である。その名も《滝畑第三トンネル》と呼ばれているのだが……正式にはそのトンネルは存在していない。というのも、それは本来ならそう

なるために造られたのだろうというトンネルの事で、実は二つあるのだ。これらのトンネルも因縁めいた怪現象が多く目撃されている。

まず一つ目が《塩降隧道》である。以前、内部の壁は岩が剥き出しの状態だったので染み出た水の影響により地道がぬかるんでることが多く、足を取られて転倒する危険があったが今は壁面も道も舗装されている。此処での怪現象は「車の窓ガラスに手形が付く」「成人女性又は少女の幽霊が現れる」「首なしライダーが現れる」というのが有名だ。《首なしライダー》は全国的にトンネルの怪現象としてよくいわれているが、筆者は《塩降隧道》を訪れたが、トンネル内部が直線ではなく少し折れ曲がっているのに気づいた。つまり直線を当て込んでスピードを出していたバイクが大事故を起こして……というのはあり得ると思った。事実、トンネル入り口に朽ちた花が供えられていたが、これは犠牲者の供養の意味だったのだろうか。入り口近くにはお地蔵様があり、その側でかつて女性が殺されて埋められたという噂もあり、この辺りは心霊写真が写りやすい場所ともいわれている。

そして《滝畑第三トンネル》と噂されてる二つ目のトンネルが《梨の木隧道》である。入り口付近に監視カメラが設置されている《塩降隧道》とは異なり、こちらはそういうセキュリティは無いばかりか、内部の明かりも無いため、昼間であっても薄暗く不気味だが、トンネルの長さが短いのが救いだ。此処で起きる怪現象も《塩降隧道》と似ているのだが……人によっては《梨の木隧道》に少女の幽霊が現れるという声がある。怪現象が頻繁に起きているかは定かで無いが、トンネルの先に小さな集落があるのだが、此処を通る人間は殆どいない。

ダムと隧道という……山深いロケーションには関連してるアイテムだが、この《滝畑》では霊が留まる場所として互いに繋がっているのかもしれない。

（渡辺裕薫）

滝畑
なぜか惹かれる恐怖のダム
滝畑第三トンネルの怪

大阪府河内長野市に、滝畑ダムがある。

周辺にはキャンプ場や遊歩道、釣り堀、レストランなどがあり、自然休養村として整備されている——と聞くと、緑豊かで心癒やされるスポットのようだが、怪談好きの間では、府下屈指の心霊スポットとして有名である。

ダム周辺のそこかしこで怪異が起こると噂されるが、その中でも有名なのが「滝畑第三トンネル」だ。「第一トンネル」と「第二トンネル」はあるが「滝畑第三トンネル」というのは通称で、実際には存在しない。「第一」と「第二」の近くにある「塩降隧道」か「梨の木隧道」が通称「第三」とされるようで、どちらを取るかは人による。

女性や子供、おばあさんの霊を見たという目撃譚。車のガラスに手形が付いていたとか、故障したとか、声や物音を聞いたという話もある。どれもトンネルで起こる怪異としては、ありがちといえばありがちである。何故ここが「大阪最恐」「関西最恐」と謳われるのか、不思議に思っていた。

ところが、滝畑の民話や伝承を調べてみて驚いた。

ここは、妖怪伝説の宝庫なのである。

グヒンサン（天狗）がいる、ガタロウにダリにツチノコまでいる！　何と素晴らしい！――と、一人興奮していても「何だこいつ」と冷ややかな目で見られるだけなので、詳しくご説明したい。

『河内滝畑の民話』（河内長野市教育委員会発行）という報告書によれば、滝畑にはかつてグヒンサン、グニンサン、グジンサン、グインサンといろいろな呼び名をもつ天狗がいたらしい。オオギヤマによく出没し、「ハハハハ」と笑う。グヒンさんに大阪に連れていかれて、相撲を見たという話も残っている。炭焼きをしていると、煙の中でカラカラ笑うこともあった。

ちなみに、滝畑ではかつて「光滝炭」という白炭が焼かれていた。これは茶の湯に使う最高級の炭だったそうだ。十七世紀の半ばに、金閣寺の住職であった鳳林承章の日記『隔蓂記』には、狭山藩主から贈られた光滝白炭を、最高の炭であるとして時の摂政一条昭良に献上したとある。

これを焼いているときに、煙の中で天狗が笑うのである。いや、天狗が笑うからこそ、最高の炭が焼けたのかもしれない。

シオフリトウゲ、ザオウトウゲ、ウメノキトウゲ、カキノキトウゲ、ナシノキトウゲの各所に「峠の天狗松」があり、天狗が休んでいたらしい。

天狗が山伏の恰好をしているように、修験道とは深いかかわりがある。

滝畑ダムに近い岩湧山（八九八メートル）は葛城修験の霊場で、中腹には役小角開基の岩湧寺がある。

そう。この地は「心霊スポット」といわれるはるか以前から、人々の信仰を集めた神聖な「霊場」なのだ。

役小角が護法童子を川に放ち、それが河童になった――という河童起源説がある。だからかどうかはわからないが、この地の川にはガタロウがいる。川太郎――河童である。

河童伝承は全国にあり、その呼び名も姿形も性質も、これをひとくくりに「カッパ」としていいのかというくらい地域によって違う。

滝畑のガタロウは「すっぽんガタロウ」といわれ、口を吸う。もしくは血を吸う。川遊びをしていて、子供の具合が悪くなったら、「ガタロウに吸われた」とされたらしい。盆に川に行くとガタロウに「口ィ吸われる」のだそうだ。

また、日野道、本谷、シラモトあたりの山道を歩いていると、ダリもしくはダレに憑かれる。ダレというのは一般にヒダル神といわれるもので、西日本の各地にいる。山道で突然空腹に襲われ、そこから一歩も進めなくなる。悪くすれば、そのまま死ぬ。

地域によって山の神や水の神とされることもあるが、この地では、「昔腹が減って行き倒れて死んだ人が、ダレになって憑く」。餓死した人の怨霊である。

ダレに憑かれたら、「だるーてだるーてしゃあない。一歩も動けん」状況になる。ご飯を三人分も四人分も食べる。

河内長野市は四つの高野街道が合流するところで、滝畑ダムの東側には西高野街道がある。巡礼の道であり、多くのお遍路さんがこのあたりを通った。その昔、村の人々はお遍路さんを家に招き入れ、接待をしたという。現在では観光バスで巡ることが多いようだが、昔は当然皆歩いて弘法大師縁の寺を目指した。過酷な道中を応援する意味での接待であり、また「同行二人」(弘法大師と一緒に歩いている)であるお遍路さんを接待することで、弘法大師にお供えをして功徳を積むことにもなる。

こうしたお遍路さんや修験者たちが、厳しい道中や修行中に行き倒れることもあっただろう。その亡骸を見、無念さに共感する中で、ダレ伝説が生まれ語り継がれてきたのかもしれない。

さらに、日野のヤマダノサカには「コロ」がいる。

三尺ほどの「椎茸木のようなもの」で、獲物を見るとぶつかってくる。もしくは、「横槌のようなもの」が山からころころと転がってくる。コブリキに蕗を取りにいったおばあさんが、「からかさの周りほどの奴」が寝ているのを見て、びっくりして飛んで帰った。岩湧山のツチノコであるとされ、クチナワ(蛇)の仲間で、山をころころと転がるから「コロ」という。見つけた人が石をぶつけたら、「ボテボテ」という音がした。捕まえた人もいたらしい。

さらには滝畑には、平家落人伝説もある。『大阪府伝承地誌集成』の著者、三善貞司は「滝畑は民俗資料の宝庫」と記しているが、まさにその通りである。ダムに沈んだ土地の記憶は、「滝畑ふるさと文化財の森センター」や民俗資料館で辿ることができる。

これは別の目的で滝畑の地を訪れた、Tさんの話。

二〇〇〇年頃、Tさんは初めて念願のパソコンを手に入れた。Windows98の操作性にわくわくしながら、夜毎ネットサーフィンをする。何が一番面白かったかというと、「肝試し」に行く場所を見つけることだった。当時「心霊スポット」という言葉はまだ一般的ではなく、幽霊が出るとか、超常現象が起こると噂されるところに行くのは「肝試し」といわれていた。

ある日、「滝畑第三トンネル」の情報を見つけた。地図で見ると、第一、第二はあるが第三はない。――何やろ、これ？　興味をもったTさんは、肝試し好きの仲間二人に声をかけ、Tさんの車で謎の「第三トンネル」を探しに行った。

ダムまで来て、第一と第二を抜けると、「梨の木トンネル」というのがあった。

短いトンネルだが、真っ暗で電灯も何もない（当時）。

車を止め、皆で下り、中を歩いてみた。特に何も起きなかった。

一往復して車に戻り、さらに車で一往復してみた。特に何もない。

まぁこんなものだろうと思う一方で、本当にここが「第三トンネル」なのかという疑問も湧いた。

改めて地図を見てみると、逆側に「塩降トンネル」があるのを見つけた。じゃあそこに向かってみよう、ということになった。

「塩降トンネル」まで来たときに、三人ともが「え、何これ」となった。

さっきのトンネルとは違い、こちらには電気が点いている。点いてはいるのだが、先が曲がっていて奥が見通せない。さらに、現在では全部の壁がコンクリート製になっているが、当時は手前部分だけがコンクリート製で、カーブの先はごつごつした岩と土が剥き出しになっていた。そこが見るからに不気味だったのである。

これまで散々いろんな「肝試し」スポットを巡ってきた三人だったが、このときは入るのをためらった。

「何かこのトンネル、気持ち悪くないか――？」「気持ち悪いな――」「どうする――？」

三人で顔を見合わせる。電気が点いていて明るくても、先が見えないのが怖い。

「まぁええか――入ろうか」

せっかくここまで来たのである。車で入って、下りないでおこうということになった。

入ってみると、何ということはない。すんなりと中を通過し、カーブを曲がって外に出た。

「何や、普通のトンネルやん。別に問題ないやんな」

三人でほっとした。

少し進むと、対向車線の右側にフェンスがあり、道路がちょっと広がったところがあった。

そこに一台の廃車があった。古い、赤いスポーツカーだ。一瞬で廃車とわかったのは、タイヤがなかったからだ。

三人して「えっ?」と声を上げた。

廃車の車内に、電気が点いているのだ。湯気で曇ったような窓が、中からの黄色い光で明るくなっている。

「電気点いてるやん」

山の中なので、周囲は真っ暗。廃車の室内灯の黄色い灯りがはっきりと見える。ただ、曇りガラスのシールを張っているのか、湯気のせいか、窓全体が白く曇っていて中が見えない。

廃車の横を通り過ぎた。

「こんな山の中で、誰があんなところに――?」

「廃車やったよな、タイヤなかったよな」

「なかった、なかった」

ホームレスでもいるのか? こんな山の奥で、飯はどうするのか。歩いて食料調達に下りるのか。おかしいよな――と言い合いながらも、結局は「まぁいいか」と車を先に進ませた。

少し行ったところで、アスファルトの道が途切れ、砂利道になった。ここから先は林道になるらしい。一応地図ではまだ先に道は続いている。

「どうする?」「車汚れるな」「帰ろう」

意見がまとまり、そこでUターンをすることにした。

周囲に灯りはなく、真っ暗である。Tさんが後方を確認しながらハンドルを切っていると、助手席側の後部座席の外に――女の人が立っていた。

周囲は真っ暗なので、見えるはずがない。

おかしいやろ、これはあかん。

だが、気持ち悪いトンネルを通った後で、これ以上友達を怖がらせたくはない。Tさんは無言でUターンし、急いでその場を離れた。

「本当に女の人が立っていたんです。下を向いて。白っぽいワンピースのような服を着ていました」

あんなところに一人で立っているはずがない。あれは一体――そんなことを考えながら、元来たトンネルの手前に差し掛かった。

三人揃って唖然とした。

進行方向に先ほどの廃車が見える――が、窓ガラスが全部割られているのだ。

「ええっ?」

廃車に近付き、横を通り過ぎる。

窓ガラスは一枚も入っておらず、車内が丸見えになっている。そこにはシートすらない。ただ車の外枠があるだけだ。

「ちょっと待って、何これ――さっき、誰かおったよな?」

「おったおった」

「さっき、こんなん違うかったよな――」

この横を通り過ぎ、行って戻っただけで、十分もかかっていない。

「もうあかん。怖いから帰ろう」

本当はその後別のところに行く予定にしていたのだが、止めて帰った。

Tさんから話を伺い、ますます滝畑に心惹かれた。

いつか、この地でキャンプファイヤーをしながら、夜中まで怪談を語り合ってみたい。

（三輪チサ）

高槻市某所　インド人の弟

愛らしい少年の正体とは?

Kさんは、幼稚園の頃に不思議な体験をしている。

年長組のとき、同じキャラクターの絵がついた歯ブラシを使っていたことがきっかけで、Yくんと仲良くなった。

家も近かったので、幼稚園から帰ってから、近所の子たちと一緒に公園で遊ぶ。

そのとき、よく四歳くらいの子供――自分たちより二つほど年下かなと思う子が、いつもYくんにひっついて遊んでいる。

弟かなと思った。目がくりっとしていて、顔立ちがとてもかわいい。「インド人のような」浅黒い肌の色をしている。

「お前、インド人みたいやな」

特に悪気もなくKさんが言うと、

「ケタケタケタケタッ!」

声を立てて笑った。

弟はYくんとは見た目が全然違う。顔も背格好も、兄弟とは思えないほど違った。それに、弟がYくんと二人でしゃべっているところを見たことがない。

違和感を感じていたKさんは、ある日Yくんに聞いてみた。

「なあ、あの子、弟なん?」

「うん、弟」

Yくんはもののついでのように、そっけなく言った。

週に一、二回のペースでひっついてきて、Yくんの周りを走り回っていた。

やがて幼稚園を卒園し、小学校はYくんとは違う学校に通うことになった。中学、高校も別で、思い出すこともなくなっていたある日。

近所のコンビニで、ばったり同級生と出会った。

「おー、久しぶりやなぁ!」

その同級生は、Yくんと共通の友達だった。

「Y、元気にしてるか? たまには会うんか?」

懐かしくなって聞いてみると、未だにやりとりがあるらしい。

同級生はその場でYくんに電話をしてくれた。

「今から出てくる、言うてるで。三人で飲もうや!」

とんとん拍子に話が進み、半時間後には居酒屋でテーブルを囲んでいた。

卒園してからのあれやこれやや、近況などを報告し合い、大いに盛り上がった。

Kさんはふとあの弟のことを思い出した。

「そういえばY、あのめっちゃかわいい弟、元気か?」

尋ねると、Yくんは「へ?」と首を傾げた。

「俺に弟なんておらへんで」

怪訝そうにそう言われ、Kさんは「またまたー」と笑った。惚けているのだろうと思った。

「目がくりっとした、色の浅黒い、めちゃめちゃかわいい子やったやん。いつもお前について走ってたやん」

Kさんが言っても、Yくんは「知らん」「弟なんかおらん」と言うばかり。

おったやんなぁ、と同級生に聞いても、知らないと言われた。

「あの子は一体誰やったんやろう。何でYくんについてきてたんやろう。今でもあのくりくりっとした大きな目も、ケタケタ笑っていた顔もはっきり覚えています」

少し寂しそうに、Kさんは言った。

(三輪チサ)

高槻市某所 キャラ消し
信じられないまさかの結末

大阪府は、大阪湾を囲む三日月の形をしている。月の尖った一方は兵庫県、もう一方は和歌山県に接している。

今の都道府県の線引きでいうと「大阪府」と一括りになるが、住んでいる人間からすると、旧国名の「河内」「摂津」「和泉」と分けた方がしっくりくる。それぞれの地域ごとに、文化も気質も言葉もまったく違う、まさに別の「国」なのだ。さらに「船場」とか「岸和田」といった地域になると、また空気が違う（今の若い人たちはもう船場言葉を知らないかもしれないが）。「堺」は「堺」で、また独特の歴史と風土がある。よく「大阪では――」とか「大阪の人は――」とざっくりいわれるが、大阪の「どこか」もしくは「どこの人か」によって、全然違うのだ。私自身、フランス人やイタリア人には会ったことがあるが、岸和田の人はテレビでしか見たことがない。

私が住んでいる枚方市は、三日月の肩（?）にあたる部分で、京都府と奈良県に接している。淀川を挟んで、対岸は高槻市だ。地図で見ればすぐ隣で、淀川の堤防に立って大声で叫べば声が届くのではないかと思うくらい目の前なのだが、これが遠い。高槻市駅に行こうと思えば、電車とバスを乗り継いで三十分は優にかかる。京都市内に出る方が、気持ち的にはずっと近い。枚方は北河内、高槻は北摂。隣だけど、異国なのだ。

今回話を聞かせてくれたKさんは、子供の頃、高槻市内の摂津峡にほど近い、自然豊かな地域に住んでいた。市の観光協会によれば摂津峡は「春は桜、夏はホタルに川あそび、秋は紅葉。四季を通じて楽しめるハイキングにぴったりの自然公園」だ。自然歩道を巡り、奇岩や断崖、滝などを見ることができる。展望台もある。摂津峡は北摂山系の一部で、この山並みが丹波篠山からまだその先の日本海側まで続いている。

Kさんがまだ小学校四年生か五年生の頃のことというから、今から三十年ほど前の話である。当時はまだファミコンもなく、子供たちは何かを集めることに夢中になっていた。某チョコレート菓子のおまけシールは大流行したが、外にも牛乳キャップを集めて、息で吹き返して、取ったり取られたりといった遊びが流行った。

さらにKさんたちの仲間内で盛り上がっていたのが、「キャラ消し」を集めることだった。消しゴムが、テレビ番組や漫画で人気のキャラクターの形になっているものだ。一回百円のカプセルトイで手に入れる。その頃、Kさんの小遣いは週に二百円ほど。たまに買い食いをしたりすることも考え、「キャラ消し」を何個買うか、毎週頭を悩ませた。カプセルトイなので、当然「ダブリ」――重複が出ることがある。少ない小遣いを叩いて、祈る思いでハンドルを回し、同じキャラを引いてしまったときのショックは大きい。

そうなると、友達と交渉し、自分は持っていないが相手は複数個持っているキャラ消しがあれば、交換してもらう。

中でも男子の間で大人気だったのが、一世を風靡した某ロボットアニメの「キャラ消し」だった。お気に入りのキャラやレアな消しゴムを、いつもポケットに忍ばせ、行動を共にする。どこにでも一緒に行き、一緒に遊ぶ、まさに相棒だった。ときには仲間同士で見せ合い、自慢し合う。レアな消しゴムを持っている友達は羨ましいが、やはり自分のポケットにいる相棒が一番かっこいい。

あるとき、Kさんは仲間たちと近くの山に遊びに行った。普段は堤防で遊ぶことが多いのだが、その日は何となく山に行きたい気持ちになって、Kさんが提案したのだ。みんなも賛成してくれ、自転車で坂道を駆け上った。
二、三十分走り、少し開けた見晴らしのいいところで、自転車を止める。拾った枝を剣の代わりにして振り回し合ったり、探検をしたり、夢中になって遊んだ。
やがていつものように顔を寄せ合い、自慢の「キャラ消し」を見せ合っていると——Mくんが差し出した「キャラ消し」に、みんなが「わあ」と声をあげた。

それはただのレアキャラではなかった。そのキャラ自体も珍しいのだが、それが左手を胸元にあて、右手拳を高く突き上げているポーズは、これまで誰も見たことがなかったのだ。

噂に聞く幻の「レア消し」が、今目の前に。「いいなあ」「すげえ」仲間たちが口々に羨ましがる中、Mくんは得意満面だった。

それからも鬼ごっこをしたり、虫を捕まえたりしているうち、次第に日が傾いてきた。

そろそろ帰ろうか、と誰かが言い出したとき。

KさんはMくんが妙におろおろしていることに気付いた。

「Mくん、どないしたん?」

Kさんが声をかけると、Mくんは青い顔で、

「俺の『キャラ消し』がない」

と言った。

大事である。

「どこかで落としたんちゃうか」

みんなで大捜索が始まった。日が暮れかける中、遊び回った範囲を、それこそ草の根を掻き分けて探した。

これがそこそこのレアキャラなら、「残念やったな」「気にすんな、また出るって」「代わりに俺の、あげるわ」などと諦めさせる方向で話が進むのだが、超のつくレアでは、そうはいかない。

走り回ったところ、隠れていたところ、虫を捕まえたところ——Mくんが行きそうなところをみんなで懸命に探

したが、ない。Mくんのズボンやシャツのポケットを全部裏返し、靴の中も見てみた。「盗った」と思われては困るので、みんなもそれぞれのポケットや持ち物を見せ合った。だが、どこにもない。

日はさらに傾き、これ以上いると暗くなってしまう。涙ぐむMくんを慰めながら、山道を下りた。

Kさんはしょんぼりした Mくんの後ろを走りながら、申し訳ない気持ちで一杯だった。

自分が「今日は山で遊ぼう」と提案しなければ、こんなことにはならなかったのではないか。Mくんが相棒を失くしたのは、半分、自分の責任のような気がした。

「Mくん、ごめんな」

「ええねん。Kちゃんは悪くないよ。しゃあない」

Mくんに優しくそう言われたことが、余計に胸に響いた。見ればMくんの頬を涙が伝っている。

「じゃあな、バイバイ」

皆と別れ、家に帰った。

Mくんへの申し訳なさを心の片隅に抱えたまま、二週間ほどを過ごした。

ある日のこと。

夜中に突然ひどい腹痛に襲われた。これまで経験したことのないほど、強い痛みだった。脂汗が出、家族を呼ぼうにも、声も出せない。何か大変な病気になったのかと怖くなった。

這うようにしてトイレに入り、用を足した。すると、今までの激痛が嘘のように、すっと消えた。よかった！　ほっとして立ち上がり、何気なく便器を見た。

「ん？」

Kさんのブツの中に、何かある。

人形の肩の部分のように見えた。

何だ、これ？　Kさんは畳んだトイレットペーパーで挟むようにして、それを引き抜いてみた。

まさかの、「超レア消し」だった。Mくんがあの日失くした、あのキャラだ。

どうしてこれが、こんなところに。

Kさんは洗面所で「キャラ消し」をきれいに洗ってみた。

さらに驚いた。

Mくんが失くした「キャラ消し」は肌色一色だったのに、今手の中にあるのは、形は同じでもクリアのラメ入りだった。

超に超のつくレアである。Kさんはこのシリーズを、友達のものも含めて数百個見ているが、ラメ入りのものを見たことがない。

こんなものが、世界にあったとは。

Kさんはさらにきれいに洗い、おもちゃ箱に入れた。

「僕の体の中で作ったのかも――3Dプリンターのように、願望を形にしたのかもしれません」

Kさんはそう言って笑っていた。

いつの間にか母親に捨てられたようで、今はもうない。

（三輪チサ）

寝屋川市香里園某所
怖いマンション
高級住宅街でのホントの話

「友達からきいた話でもいいですか。その友達の彼氏の話なんですけど。寝屋川市の香里園に引っ越したんです。そこで色々怖い目に遭って、今では家族がバラバラになっちゃってるんだって」

関西の怖い話を知らないかときいてまわっていると、知り合いの女性（20代）が話してくれた。

「その彼氏が25歳のときに、実家が香里園のマンションに引っ越したんです。家族が窓からの景色が気に入って購入したんだそうです。寝屋川って昔は治安が悪いなんていわれてたんですけど、今は、けっこう高級住宅街なんですよね。きれいなマンションらしいですよ」

車の部品を扱う小さい商社に勤めている彼氏は、香里園の実家住みだ。週末のデート後は女性の友人である彼女とホテルに泊まっている。

「友達が、香里園に引っ越してから、彼氏の寝言がひどいっていうんです。それも『ももこ』って突然叫んだり『死にたくない。助けてくれ』っていって飛び起きてホテルの部屋を走り回ったりするっていうかなりディープなものです。最初は笑ってたらしいんですけど、そのうち怖くなってきて、寝てるときの動画を撮って、彼氏に見せたそうです。彼氏は青ざめて、話してくれたそうです」

内容は以下の通りだ。香里園に引っ越してから、眠っていると自分だけ何かに被災して逃げ惑う夢ばかり見る。住んでいる6階まで、階段を使ったときには、踊り場で霊だと思われる女性を毎回見る。彼氏いわく、いつも同じ服装。かつ、雰囲気が絶対に生きている人間ではない。同居している妹が車に轢かれるという事故に遭う。妹がいうには、何者かに道路に突き飛ばされ転んだとのこと。酒の飲めなかった父親が、突如酒を飲み出し、酔うと「俺は、垣花だ（彼氏の苗字は全く別）」といい、暴れまわる。丈夫だった母親が免疫疾患になる。

彼氏の家族にあらゆる不幸が一気に押し寄せているらしい。4人家族に共通していることが「引っ越して以来」ということ。

「お母さんは入院していて、妹さんは、会社の寮に入ったそうです。彼氏は今、私の友達と同棲していて、落ち着いていています。お父さんだけが、香里園のマンションに残っているそうなんですけど、アル中みたいになって、会社も辞めたってききました。祟られてるとか、家が呪われてるんじゃないかとか友達と色々いいますけど、結局、何が原因でおかしくなったかは分からずじまいですよね。京阪本線って自殺が多いって話はききますけど。分かんないけど、こんなめちゃくちゃな話あります？　絶対変だって」

香里園駅からは割と離れた場所にあり、部屋の窓から山並みが見えるマンションとのこと。

（桜木ピロコ）

千早赤阪村
世にも恐怖な惨殺事件
河内十人斬り

この地に凄惨な事件が起きたのは明治26年5月25日の雨の深夜だった。刀と猟銃を携えた城戸熊太郎という男が、舎弟の谷弥五郎とともに熊太郎の内縁の妻《おぬい》と《おぬい》の母《おとら》を殺害。その後、《松永傳次郎》とその妻と2人の子供を殺害。そして《松永傳次郎》の長男である《松永熊次郎》の家に乗り込んで、《熊次郎》とその妻と3人の子供を殺害し、一晩で11人の人間が殺められるという明治の犯罪史に残る惨殺事件が起きた。

翌日になって地元の富田林警察に通報が入り、駆けつけたことから事件が発覚した。容疑者の熊太郎と弥五郎は犯行直後に付近の金剛山に逃げ込み、警察による山狩りをかいくぐったが事件から2週間後に自殺死体で発見されている。

捜査と容疑者の捜索には大阪府警本部からも応援で加勢したが、それでもなかなか捕まらなかったのは、付近の住人たちが熊太郎と弥五郎に食糧を提供したり、匿ったのでは無いかとも言われている。

というのも、犯行の動機として、熊太郎の内縁の妻《おぬい》が《松永熊次郎》の弟《松永寅次郎》と密通していたのを知った熊太郎が《おぬい》と別れようとしたが義母から「お前と娘が結婚する時に自分に毎月の仕送りをする約束が果たされていないので、別れるならその全てを支払ってからにしろ」と詰められてしまう。その手切金を支度するために、かつて金を貸していた《松永傳次郎》に返して欲しいと頼みに行くが知らぬ存ぜぬと言われたうえ、手下によって殴る蹴るの暴行を受ける。屈辱を受けた熊太郎は復讐を決意し、舎弟の弥五郎とともに準備を整えて、決行に至ったのだ。ちなみに犯行の夜には妻の浮気相手である《松永寅次郎》は行商で村にいなかったので、留守の家に火をつけている。

その動機に加え、村の顔効きだった松永一家に普段から良い感情を持っていなかった村人が熊太郎と弥五郎の逃亡を助けたと言われている。

そんな複雑な人間模様は警察による捜査によって解き明かされていくのだが、富田林警察署長のお抱えの人力車夫であった《岩井梅吉》が近くで見聞きする捜査情報を基に趣味の河内音頭に歌詞を付けようとしたが文字を書けなかったため、友人の松本吉三郎に手伝ってもらった。そして、事件のひと月後には大阪・道頓堀の中座という寄席小屋で【河内音頭《かわちおんど》　恨《うらみの》　白鞘《しらさや》】という演目で河内音頭の公演をしてかなりの人気を博している。当時は文字を読める人が少なく、世の中の出来事を河内音頭にして伝えるという【新聞読《しんもんよ》み】が一般的な存在であった。

その後、【河内音頭恨白鞘】という題名から【河内十人斬り】に変更もされ、当初から犯行の動機の背景にさらに登場人物を分かりやすく描いており、熊太郎と弥五郎は善、本来の犠牲者がクセのある悪人として強調された。その物語性が当時の人々にウケたため、道頓堀に存在した中座以外の4つの寄席小屋までも一斉に【河内十人斬り】を上演しようとしたくらい社会現象となった。その演目は現在でも河内音頭の人気作品として残り続けている。

しかも、千早赤阪村ではその凄惨な事件による犠牲者の霊が現れて……という目撃談はいっさい無いのである。実は犯行に及ぶ前に準備をしていた熊太郎は自分の墓を建てていたのであるが、その墓が現存してるということで筆者は現地を訪れて探すにあたり、村の役所で訊ねたが「我々はその場所を知らないし、もしも知っていたとしても末裔の方々が住んでおられるので教えることは出来ない」と言われた。至極、真っ当な答えである。それでも少ない情報を手がかりにその近くまで向かった筆者はたまたま出会った住人の方に恐る恐る訊ねてみると「あぁ、熊太郎さんのお墓？　それはね……」と意外過ぎるくらいに屈託無く丁寧に道案内をいただいた。その方の話では、熊太郎が博打うちであったことからギャンブル運を授かろうと墓石を削っている輩が多いようで文字がかなり見辛く、墓地に行けても見つけられないかもとのことだったが、何とか見つけ出すことが出来て、墓の前で手を合わせた。

事件の真実とは異なる形でそれが物語となって、世の中に拡がっていくことを熊太郎は予測していたわけでは無いだろうが、まさか事件の1ヶ月後に河内音頭として上演していたとは今の時代では考えられない。しかも、本来なら11人の犠牲者であったはずが、いつしか【河内十人斬り】と人数まで変えられたのは、題名の響きが良いだけでは無い。11人の犠牲者の中には生まれたばかりの赤ちゃんも含まれていたのである。善である熊太郎と弥五郎が無垢な赤ん坊を殺めたとは説得力が無いため……と考えると、この事件後に展開する【河内十人斬り】の存在こそがまさに怪談である。

（渡辺裕薫）

犬鳴山
犬に纏わる恐怖のスポット
古くから知られる霊山

関西に住む友人が行きたくない怖い場所として教えてくれたのが大阪府泉佐野市にある犬鳴山。

名前が似ていることから心霊スポットとして有名な映画にもなった福岡の犬鳴峠と混同されることがあるこの地名だが、大阪泉佐野市にある犬鳴山も心霊スポットとして地元の人には知られている。心霊スポットとして噂になっているのは犬鳴山トンネルだが、古い歴史のある山なので心霊スポットというより山全体が霊山として神妙な空気感をまとっている。

犬鳴山トンネルが建設されるはるか以前から霊山として有名な犬鳴山は、国内の霊山の中でも元祖とされるほど由緒ある山である。

「犬鳴」の名の由来は飼い主の猟師のために死んだ犬の逸話からと伝えられている。狩りの最中、飼い主に大蛇が忍び寄る危険を知らせるために吠え続けたが、そのせいで獲物の鹿が逃げてしまい怒った猟師に首を切り付けられた。しかし犬は切られながらも大蛇に飛び掛かり、その頭に噛みつき飼い主の猟師を助け大蛇と共に息絶えた。猟師は愛犬が吠え続けていた意味を理解しその愛犬の死を丁重に葬り、その後犬鳴山にある霊場として今も知られる七宝瀧寺に入って僧となったと伝えられている。この義犬の墓や禁足地として囲まれた義犬の足跡が印された石は今でも七宝瀧寺から遠くない場所に存在する。

この七宝瀧寺には他にも哀しい逸話が残っている。院号を「白雲院」と呼ばれている七宝瀧寺だが、その昔ある修験者に恋をした美しい乙女がいた。名前を志津女といった。しかし修験者は修行の妨げになるといって彼女を振り切ってこの犬鳴山に逃れてきた。志津女はどこからか思いを寄せる修験者が犬鳴山にいるとの噂を聞き、彼を追ってこの犬鳴山に入った。しかし険しい渓谷の山路と飢えと厳しい寒さ、さらに立ちこめてきた白雲により道に迷ってしまい最期は路傍にて苦しみの果てに息絶えてしまう。そのことがあってから、犬鳴山に白雲が立ちこめる日は必ず雨が降るという。村人はその雨を「志津の涙雨」と呼んだ。七宝瀧寺近くの参道の傍らに志津女の墓があり、その側からは今も涙水のように清水が流れ落ちている。

この歴史ある山の霊場・七宝瀧寺の付近にあるのが犬鳴山トンネルである。

この七宝瀧寺に纏わる逸話も関係しているのか、トンネルでの霊の目撃証言にはすすり泣く女性の姿や修行僧の姿などもある。

犬鳴山トンネルの噂を聞いた友人の友人が肝試しに深夜に訪れたところ、トンネルの方へ走っていく少年の姿を見た。しかも11月の終わりに近づく寒い時期にも関わらず、その少年は白いタンクトップ姿だった。そのまま車でトンネルを抜けるように追いかけてみたが何処にも少年の姿はない。トンネルの中に隠れるような場所もなく、時間帯も子供が1人でいるような時間ではないので明らかにこの世のものではないと悟った。怖くなってトンネルから離れようと車を走らせるとルームミラーにこちらを見送るように立っている少年の姿が見えたらしい。顔は暗くて良く見えない筈なのに、何故かその少年がじっとこちらを見ている視線を感じたという。

（愛葉るび）

泉州地域某所
モノ言わぬ者の伝言　愛犬の死

東京で知り合った友達の実家が大阪府の泉州地域と呼ばれるエリアにある。

その大阪が地元の友達の話。彼女の実家は広めの2階建ての一軒家だった。実家で可愛がっていた雑種の小型犬がいたのだが、16歳の老犬で彼女が上京中に亡くなった。

特に彼女の母親が可愛がっていたそうでとても落ち込んでいたらしい。ペット葬儀社に依頼して個別火葬を選択し丁寧に見送り、遺骨も骨壺に入れて返骨してもらった。

手続きや葬儀はすべて実家にいる両親と兄が執り行った。兄は実家の近くに住んでいて実家にもよく出入りしていたし、兄を含め家族みんなで可愛がっていた犬だった。

母親は遺骨の入った骨壺とともに愛犬の写真を2階の自分がよく出入りする部屋の棚に置き、愛犬が使っていたベッドやオモチャ等もほとんど処分せずその部屋にまとめて一緒に置くことにした。

彼女にとっても愛犬の死は哀しい出来事だったが、愛犬もいい歳だったので心の整理がつくのも早く東京での忙しい日々を過ごしていた。

1ヶ月ほど過ぎた頃、父親から彼女に電話がきて母親が急に入院することになったと告げられた。母親が家事をしている最中、突然けいれんを起こして倒れたというのだ。近くにいた父親が救急車を呼び、すぐに意識は戻ったものの原因は不明。暫く入院して様子を見ることになった。

するとたった2日後に今度は父親が入院することになったと実家の近くに住む兄から連絡が入る。父親は突然強烈な腹部の痛みに襲われ、自ら救急車を呼んで運ばれたという。父親は急性腹膜炎と診断され入院して治療することになった。

立て続けに母親と父親が入院することになったので彼女も不安な気持ちになった。幸いにも母親は検査結果も大きな異常はなくすぐに退院が決まった。

ほっと胸をなでおろしたのも束の間、今度は母親と入れ替わるように兄が入院することになってしまった。兄の原因もほとんど不明だったが突然高熱が出て手足に発疹が出たらしい。母親も退院したばかりなので兄も熱が下がり落ち着くまで入院することになった。

みんな命に別状がないとはいえ、あまりに突然の入院沙汰が続くので流石におかしいと誰もが思ったが理由がわからない。彼女も地元にいる家族の状況を心配したが東京での日々のスケジュールをこなすしかなかった。

東京に住む彼女は仕事柄人付き合いが多く、その日も夜は知人のバーで仕事の関係者数名と会っていた。

「母親が原因不明で倒れて入院することになったと連絡があってすぐ父親が腹膜炎になり入院、退院する母と入れ替わりのような形で兄も入院することになったらしい」

彼女は実家で起こっている話をした。

すると近くのカウンターに座っていた男性が振り返り

「飼っていた犬が死んだでしょ」

と話しかけてきた。

「今いる場所が嫌だって言ってる。元の場所に戻してあげて」

とその男性は続けた。

彼女は言葉を失った。愛犬が亡くなったこと自体その場では話していない。何も知る筈のない知らない人に言われたことも驚いたし、可愛がっていた愛犬が関与しているなど想像もしていなかったことなので面食らった。

不自然な出来事なので何かの呪いや祟りにあっている可能性は考えた。だが死んだ愛犬の話はあまりにも意外な指摘だったのだ。その男性は彼女と少し話した後にすっと一人で帰って行ったらしい。

彼女は愛犬の遺骨が実家にあることは知っていた（火葬して返骨してもらった話は聞いていた）が、それをどこに置いているのかまでは知らなかった。

その日は早めに切り上げて家に帰り、帰宅後すぐ母親に電話した。父親と兄が入院中なので母親は実家で一人だった。

「お母さん？　あんな、◎◎（愛犬）の骨ってどこに置いとる？」

そこで愛犬が生前いつも過ごしていた1階のリビングではなく2階の母親の出入りする部屋にオモチャやベッドも一緒に移動して置いていると聞かされる。

「なんか今日会った人がな、◎◎（愛犬）が今いる場所嫌やって言うてるっていうんやんか。元に戻して欲しいって。使ってたベッドも」

とりあえず彼女も半信半疑であったが母親に今日バーで言われた話を伝え、愛犬の遺骨や写真やオモチャ、ベッドをすべて1階のリビングの一角に移動してもらうことにした。ほどなくして父親も兄も無事退院し、母も含めその後は特に体調の異変はないという。本当に次々に起こった入院沙汰が愛犬からの訴えであったのかはわからない。ただそれからはずっと愛犬に関するものはリビングから動かさないようにしているらしい。

結果みんな無事でその後も異変がないので良かったのだが、彼女にとっては可愛がっていた愛犬なのに「呪いみたい」な訴え方だったのがショックだったようだ。もっと他に伝え方はなかったのかと理不尽な気持ちが残っているらしい。

彼女に「愛犬の居場所を変えろ」と伝えた人物のことも誰なのかわかっていない。知人のバーは紹介制の店だったので誰かが知っているだろうと探してみたが誰もその男性を知らないという。「こんな人だった」と店長に特徴を伝えても、あの日カウンターにいたスタッフに聞いてもその人物のことは一切わからないままだそうだ。

（愛葉るび）

日の丸展望台

ドライブスポットでの悲劇

自殺の名所

人は自ら命を断つ時に、他人と出くわさない場所と時間を選ぶといわれるが、自ずとそれは人気のない、特に夜には人が寄り付かない場所となるが……その最たるのが山の上にひっそりとある展望台だ。世の中に数多ある展望台の多くがそこで不幸にも亡くなる人が後を絶たなかったりする。

大阪の池田市に五月山という標高３１４ｍの山がある。池田市から隣の箕面市へと連なる北摂山系の山の一つとして、１９５８年にドライブウェイも整備された事で山の三角地点の近くには《日の丸展望台》という展望スペースが建てられている。此処は自殺者が多いと噂されている場所として知られている。しかも、展望台の隣には広大な墓地がある。昼間であってもなかなかの雰囲気だ。

そんな独特なシチュエーションにある《日の丸展望台》は前の東京オリンピックが開催された１９６４年5月に完成したというから年季の入った建物といっても過言ではない。螺旋状になったスロープをぐるぐると上がっていくと展望台の一番上へと到着する。もちろん眺めは素晴らしい。気候の良い休日の晴天時には自家用車に乗ってドライブウェイを使ってこの展望台にやって来る家族連れは結構いるが、それ以外の極端に寒かったりする時期であったり、または夜には全く人がいない。その時間を選んで……此処に来て自ら命を絶つ人がいるのだ。それに伴って、幽霊の姿も目撃されているといわれている。その姿、性別は様々で、夕暮れ刻に展望台から景色を楽しんでいると、何処からともなく人の姿が下の地面に現れて、展望台の建物へと入って来るのが見えるが…どうも生気がない人であり、不気味に感じながらそのまま相手がやって来るのをガタガタ震えながら待つも誰も上がって来ないという。螺旋状のスロープですれ違ってでも逃げようとして走りながら降りるも誰とも会わずに下に着いてしまうのだ。生気のない人というのは命を絶つ直前の人の姿であり、何度も何度も繰りかえすように目撃されているのかもしれない。

そんな怪現象見たさに、夜にこの場所を訪れる者が少なくないのだが…実は展望台だけでなく、隣接した駐車場の便所も怪現象が目撃されている。使用するために歩いていると先に入っていく男性を見てるのにもかかわらず、遅れて入ってみると小便器のところには誰もいないし、個室の扉が全て空いているという事があるというのだ。

筆者はこの場所を独りで訪れてみたのだが、展望台は何処か独特の空気と背筋をゾクっとさせる気配を感じた。霊感を持ち合わせていない自分ではあるが、それでも何かいそうな気配を感じるのだ。便所はそういう情報を知らずに使ったが、誰もいないのに誰かの視線とかすかな息遣いが聴こえる気がしたのである。便所でも命を絶った方がおられたのだろうか。

人がいない時間帯を選んでやって来て、不幸にも命を絶つという事は、絶対にあってはならないのだが、その方々の心理として……誰にも見られずこの世を旅立ちたいが、その後、誰かに見つけて貰いたいという想いが共通してるのではないだろうか。日本で自殺者が多い場所として知られている《富士の樹海》はあまり奥深い部分でないところで亡くなる人が多いといわれているように、死後は誰かに気づいて欲しいのかもしれない。悲劇が繰りかえされない事を願うばかりである。

（渡辺裕薫）

服部緑地公園

日本の歴史に纏わる数々の現象

影

大阪の《北摂》といわれる場所は日本が高度経済成長を迎えた頃、更にピンポイントでいうと1970年に開催された日本万国博覧会（大阪万博）を機に一気に開発が進んで新興住宅地の建設が行われた事で、住み良いイメージが現在まで浸透している。住環境に自然環境が合わさっているからなのだが、交通の至便とともに申し分無い人気を誇る。その北摂の南側であり、北大阪急行電鉄の緑地公園駅を下車し、西に向かって緩やかな坂道を下って行ったところに【服部緑地公園】は存在する。甲子園球場33個分ともいわれる広大な面積を有し、園内に10以上の池があり、子ども向けの遊具もたくさん設置されていて、季節毎に咲く植物は丁寧に手入れをされており、特に春の桜を見物に訪れる人々は多いが、一年を通じてたくさんの市民に愛されている憩いの公園である。

元来この地は広大な竹林と多数の溜め池が点在していたのを大阪府が地主から買い上げて緑地公園にという計画を立てたが、太平洋戦争中の防空緑地として整備が始まった。防空緑地とはアメリカ軍による空襲で家屋が延焼しないように大きな公園を造る事でそれを防ぎ、かつ市民の避難場所としての役割があったのだが、仮にたくさんの犠牲者をともなった場合の遺体の安置場所という意味合いも含まれていたようだ。

その後、敗戦によって現在の緑地公園となった。園内には公園以外に野外音楽堂や乗馬センター、テニスコートなどの様々な施設があり、とても心霊現象とは程遠い雰囲気なのだが……此処では夕刻になると大きな人影が現れては遭遇した人を追いかけるといわれている。

歩行者にとっては誰もが「陽が沈む前に長く伸びる他人の影が背後から自分に被っているのだろう」と思い込んでいるのだが、その影の頭の部分が気のせいか苦悶の表情を浮かべているように感じるのである。

影に表情なんて常識的にはあり得ない事だが、影に取り込まれた人は一様にそう証言しているという。そして後ろを振り返るとそこには影の元となる人の姿は無く、ただただ長い人影のみが自分に付いて来ているのだと気づく。慌てて走って逃げるが公園の中を何処までも追いかけて来て、夕陽が沈むとともに影は消えてしまうようだ。

しかし、不思議なのはふと気づくと、あれだけ走って逃げたはずなのに、最初に影に気づいた時にいた辺りに自分はいるのである。それは誰かと話しながら歩いているような時には決して起こらずに、夕暮れ時に独りで考え事をしながら歩いている時に遭遇するのだという。

この怪現象の由来を断定すべき事は無いのだが、公園の北側には霊園が隣接しており、たくさんの墓石が並んでいるのだが……その中に【大阪市戦災犠牲者慰霊塔】という石塔が建立されている。服部緑地公園は大阪府豊中市に位置するが、この霊園は大阪市が整備したもので、太平洋戦争の末期に大阪市内は二十数箇所に渡って空襲を受けて百十余万人が被害者となり、その中の一万人余の市民が亡くなったが、充分な葬いができずに、それぞれの地域の学校の校庭に埋葬されていたのを改葬が出来なかった二千八百七十体の無縁の遺体を供養したのである。

もしかしたら公園に夕暮れ時に現れる人影と霊園は何か因果関係があるのかも知れない。

（渡辺裕薫）

箕面山

クリスマスパーティー
若気の至りの果てに…

高見さんという女性が二十代前半だった頃のことなので、もう三十年以上前の話になる。

その年のクリスマス、高見さんは当時付き合っていた景山さんが運転するワンボックスカーに乗ってドライブをしていた。後部座席には二人の共通の友人であるカップルも乗っている。

あちこち当てもなく適当に車を走らせていたのだが、それにも飽きてきた四人は、クリスマスということもあり、パーティーをしようということになった。どこでやるかというと車内である。当時の高見さんたちは、いつも行き当たりばったりで、その場で思い付いたことを楽しむといったところがあった。その時もほんのノリでそんな話になったのだ。ただ、車は出来るだけ静かで、周りに人がおらず、なおかつ景色の良いところに停めたい。そこで、箕面の山の頂上付近にある駐車場に向かうことにした。途中でケーキや酒、お菓子などを買い込み、そちらの方向へハンドルを切る。

夜も随分と更けてきた頃、漸く目的地に到着した。他に停まっている車など一台もおらず、辺りは真っ暗。遠くに見える夜景が美しい。

四人は早速車の中で音楽を大音量で鳴らし、お酒を酌み交わして、ケーキを頬張った。

車内は狭かったが、それでも大いに盛り上がった。やがて酒が切れた。まだ飲み足りない。だったらこのまま車で買いに行こうということになった。当時はまだ社会的に飲酒運転の危険性に対する意識が今と比べて希薄であり、それに加えて高見さんらは若かった。

一旦山を下り、市街地に出て、最初に見付けた店でお酒を買う。その後は、再び山道を走り、先ほどの山上の駐車場を目指した。ところが、どこかで道を間違ってしまったようだ。どれだけ走ってもあの駐車場に行き着かない。そのうちに出たのは、山の中の墓地だった。駐車場もそこそこ広いし、他に車はない。景色は良くはないが、ここでもパーティーは出来る。四人は駐車場の真ん中に車を停めて、そこでまた騒ぎを始めた。墓地のそばで気味が悪いと言い出す者はいなかった。

一時間ほど経った頃、友人の一人が言った。

「あれ？　今何か聞こえんかった？」

「え？　何が？」

景山さんが音楽を切った。

四人は耳をそばだてる。すると、どこか遠くの方から甲高い女性の悲鳴が聞こえてきた。距離はだいぶあるが、女性の叫び声が遠くから響いてきたのだ。

皆はぞっとして体を硬直させた。

「何あれ？　悲鳴？」

「そうとしか聞こえんねんけど……」

すると友人の一人が笑いを堪えるように、こう言った。

「お前ら、知らんねんな。あれは人じゃなくて鹿。鹿の鳴き声。鹿ってあんな風に鳴くねんよ」

残りの三人はほんとかなという疑いの目を彼に向けた。

「嘘やと思うんやったら、外に出て確かめてみいよ。よく聞いてたら、動物の鳴き声って分かるから」

そう言われた高見さんと景山さんは、車から外に出てみた。外は暗く、身を切るように寒い。

そこでぼんやりと二人で突っ立っていると、目が慣れてきて、暗闇の中に並ぶ墓地が見えた。また遠くから女性の金切り声が聞こえた。二人は顔を見合わせた。

「聞こえた？」

「聞こえた。やっぱり人間の悲鳴にしか聞こえんねんけど」

「うん、私もそう思う」

突然、今度はすぐ後ろから大きな悲鳴が上がった。二人は驚いて身をすくめ、反射的に振り返った。

そこにあるのは景山さんの黒いワンボックスカーだ。その下に、白っぽい女が横向きになってみっちりと収まっていた。顔は、車体に押しつぶされたように醜く歪み、飛び出しがちになった両の目は大きく見開かれていた。

その姿が見えたのはほんの一瞬であり、まるで熱せられた蝋のようにドロリと解けて、すぐに消えて無くなった。

「見たか……？」

「うん……」

そんな短い会話を交わした後、車内に残っている二人を呼んで車の下を懐中電灯で見てもらったが、特に変わったところはなかった。

翌日、景山さんは車を点検に出したが、何も異常は見付からなかったそうだ。


（宇津呂鹿太郎）

天六K分寺公園

楽しいはずの子供の遊び場で起こる怪奇現象

天六ガス爆発

神奈川県出身で、現在天満市場近くに住んでいるNさんから聞いた話になる。

「商店街が好きだからかな、もうこの町に一目ぼれしちゃったんです。

天満の日本で一番長い商店街と喧騒にぐっと来ちゃって。駅近くの不動産屋さんの窓ガラスに張られた物件見てたら、これだって部屋も直ぐに見つかったんですよ。

関東からこっちに移って来て良かったって、本当に思ってます。むしろ、どうしてもっと早くに分かれてこっちに来なかったのかなって。

でもね、一ヵ所だけアウトっていうか、私が近づけない場所があるんです。天六にあるK分寺公園って知ってます？　そこの公園だけは絶対にわたし行けないんですよ。滑り台とかブランコがある小さい公園で、散歩中に一度子供が行きたがったから寄ったんですけど、酷い目にあったんです。子供が遊んでる最中急に、全身がカッと熱くなって喉がヒリヒリと痛くて、口内がカラカラになって舌がひっついて餅にでもなったみたいに縺れて動かなくなってしまって……。目も痛くって開けられない程辛くて、鼻もつーんと海水でも入ったみたいに痛くって痛くって。

もう涙と鼻水でぐちゃぐちゃになりながら、子供の手を引いてその場から離れた途端、急にすっと体から何かが抜けたみたいに良くなったんです。

だからそれ以来その公園は、子供にどれだけせがまれても行かないって決めてるんです。

不思議なのは、近所には他にも公園があるし、大きな広い緑地公園や遊具の充実した公園に連れて行っても、子供はここよりあの公園が言いと必ず言うんですよ
普通、母親があんな風になったらトラウマになって行きたくないって思いそうなのに、うちの子変ですよね。

子供って変なこだわりがある時があるから、そういうことなんでしょうか。

あの公園って昔、凄いガス爆発の事故があった場所なんでしょ。その慰霊碑があるとかで、ますます怖くなって。

ガス爆発で亡くなった人に憑かれてあぁなっちゃったのかな？

わたし実はちょっと憑依体質なんですよ。親戚に霊媒師がいたらしいから、その血筋なのかも。

ふらっと漂ってる幽霊に入られることがあるんです。でも、あんな目にあったのはあの時だけです……。今も、公園の場所を思い出すだけで、喉の底が熱くてひりつく感覚があります」

天六ガス爆発事故についての話は、親が一時期事故現場付近に住んでいたこともあり、小さい頃に何度も聞かされたことがある。

一九七〇年四月に大阪府大阪市北区菅栄町（現・天神橋六丁目、通称天六）の大阪市営地下鉄谷町線天神橋筋六丁目駅の建設工事現場でガス漏れが起こり、駆け付けた大阪ガスのパトロール車がエンストして炎上してしまった。

そして地下空間に充満したガスに、何らかの理由で引火し、爆発が起こり、生じた爆風によって路上に敷き詰められた一枚四百キロもする覆工板が千枚以上、紙のように吹き飛ばされた。

それによって付近にいた人達は、鉄板で体を強打したり、炎にのまれた影響により、死者七十九名、重軽傷者四百二十名という被害が膨大な都市災害が起こってしまった。

家屋の被害も甚大で、半焼二十六戸、損壊三百三十六戸に加え、爆風による比較的軽微な被害は千戸を超えていたそうだ。

私の親が住んでいた家の窓にも爆風による罅が入ったそうで、その日は北野病院に搬送させる車の行き来や報道

の人の騒ぎや、呻くけが人や焼けた服を張り付かせたまま蹲る人がいて爆風で目や顔や体の一部を吹っ飛ばされた人も多くいた。大戦時の大阪大空襲の記憶がある人が、あの時以上に現場はむごたらしかったと語る程、何もかもが酷いありさまだったらしい。

Nさんが感じたモノが何かは私には分からないけれど、もしかしたら実際に天六にあるK分寺公園に行けば分かるかも知れないと思い日曜日に行ってみた。

特に変わったところのないどこにでもあるような普通の公園だったのだけれど、慰霊碑の前で熱心に手を合わせる老婆があった。

大阪の町のあちこちに、近代化の途中で起こった悲惨な事故や事件の記憶が残されている。

（田辺青蛙）

孔《く》舎《さ》衙《か》健《けん》康《こう》道《どう》場《じょう》跡とIトンネル

名作の舞台となったあの場所で『パンドラの匣』

『きょうはお約束どおり、僕のいまいるこの健康道場の様子をお知らせしましょう。E市からバスに乗って約一時間、小梅橋というところで降りて、そこから他のバスに乗りかえるのだが、でも、その小梅橋からはもう道場までいくらも無いんだ。乗りかえのバスを待っているより、歩いたほうが早い。

ほんの十丁くらいのものなのだ。道場へ来る人は、たいていそこからもう歩いてしまう。つまり、小梅橋から、山々を右手に見ながらアスファルトの県道を南へ約十丁ほど行くと、

山裾に石の小さい門があって、そこから松並木が山腹まで つづき、その松並木の尽きるあたりに、二棟むねの建物の屋根が見える。

それがいま、僕の世話になっている「健康道場」と称するまことに風変りな結核療養所なのだ。』

これは、太宰治の名作『パンドラの匣』の序章の一節だ。

小説は、生駒山麓にある「健康道場」と称する或る療養所で病いと闘っている二十歳の青年から、その親友に宛あてた手紙の形式になっている。

『パンドラの匣』は、孔舎衙健康道で療養していた太宰の大ファンであった、木村庄助の病床日記を受け取って読んだ太宰が戦後、小説化した作品だ。

舞台となった健康道場跡地の近くに「孔舎衛坂《くさえざか》」という駅があり、古い地図を取り出して調べてみたところ、場所は近鉄奈良線の石切駅の旧生駒トンネルを出てすぐの場所にあった。

次の石切駅の間にも鷲尾トンネルがあるので、トンネルとトンネルに挟まれた、山間にある駅のようだ。

さっそく行ってみたところ、ホームの跡は今も残されていた。

かつてここには遊園地もあったらしいが、関西圏のあやめ池遊園地や生駒遊園地などに客を取られて経営難となり、閉園してしまったらしい。

近くには心霊スポットとして有名なIトンネルがある。

Iトンネルは、終電が終わった時間なのに、満員電車の終電が走っているとの目撃情報が多数寄せられる話があり、その電車を見ようと心霊スポットマニアが押し寄せるようになったことから今は近くに行けないように金網で封印されている。それを無視して敷地内に立ち入ろうとすると、センサーが働き自動的に警備会社に通報されるようになっていて、過去には逮捕者まで出たらしい。

そこまでして見たい人が多くいるせいだろうか、Iトンネル近辺の幽霊電車の噂は、近鉄社内でも広く知れ渡っていたようで、こんな話がある。

何度も幽霊電車の目撃談が近隣の住民から寄せられるようになったことから、近鉄では最終電車が走り終わった後に、もう一度回送列車をI駒トンネル内で走らせていた。こうすることで、近鉄は幽霊電車の出現を防ごうとした。本当にそういった意図があったのかどうかは不明だが、実際にこの噂が流れ始めた後に、終電後に時刻表に載っていないにも関わらず、Iトンネル内を必ず回送列車が通過するようになった。

そのIトンネルの心霊騒動の影響によって、金網で辺りが囲まれてしまったことで、行けなくなってしまった神社がある。

そこに、『パンドラの匣』の元となった日記を渡した木村庄助の幽霊が出るという。

「蜃気楼のような幽霊で、遠くからは見えるが近くに行くといつも消えてしまっているんですけれどね、写真に収めようとしたことも何度もありますが、上手くいきませんでした。Ｉトンネルの方は娘が何度か写真を撮ったら変な赤い筋のような靄が撮れたことがあると、言うてました」そう付近に住む、Ｍさんは語ってくれた。


近くにあるＩトンネルでは、大正２年に落盤事故で１５２名が生き埋めとなり、うち20名が亡くなった。その後も１９４６年（昭和21年）トンネル内の車両火災で23名が死亡し、５名負傷。１９４７年再び火災が発生し40名が負傷。１９４８年（昭和23年）急行列車がトンネル内でブレーキを破損により列車が暴走し、追突事故によって49名が死亡、２８２名が負傷するという鉄道事故として稀に見る大惨事となった。

短期間に四回も多数の死傷者を出す大事故は、あの辺りに死者を呼ぶ何かがいるのではないかという噂も起こり、お祓いも何度か行われたらしい。


そのお祓いで祓われなかったのか、木村庄助の幽霊らしき者は今も神社の石段に座っているそうだ。

この話をしてくれたＭさんは、太宰治の本を携えて神社にお参りした帰りに、ずっと後ろを誰かが着いてきている感じがして、もしやと思って「木村さんですか？」と言ってみたところ柏手を打つような、パアン！　パアン！　という音が頭上から二回聞こえた。

その時、やはりいるし、あの幽霊は木村庄助なのだなとＭさんは確信したらしい。


木村庄助の幽霊がいるとするならば、明治の時代から様々な光景や事件を見てきて今、何を思っているのだろうか。

（田辺青蛙）

仁徳天皇陵

幼いあの日の出来事

仁徳天皇陵の夜

公民館で行った怪談会で知り合った、堺市在住のＴさんから聞いた話。

「堺に住んでいる人でも、知っている人はおそらく殆どいないと思うのですが、仁徳天皇陵の堀は、戦後アメリカ兵が舟遊びをしたり、プール代わりに泳いでました。釣りしている姿もよく見かけて、ＢＢＱなんかもしとった気がします。それ見てね、古墳はお墓やから祟りがあるから止しときなんていう、人もおったけどアメリカさんはそんなん気にせんようやったね。

今は返還されて見る影もないけれど、大阪市大の場所が昔「キャンプ・サカイ」っていう駐屯地やった。殆どが英語しか話せへんかったけど、日本にいる間に言葉を覚えた人もおりました。

私は性格がちゃっかりしとったし、奈良の田舎に疎開していたからあまり戦争の悲惨な記憶がなかったせいかな、アメリカさんに悪い印象は持ってなくって、色々とお菓子もくれたんで、ようアメリカ兵に声かけて遊んでもらいました。

堺は堺大空襲があって、大きな被害を受けた記憶を持ってる人も多かったから、アメリカさんと歩いてたら露骨に嫌味言われたこと何度もありましたけどね。子供やったからか、私は別に今が楽しかったらええって思ってました。

みんな大きくって力持ちでね、よく笑うし英語の歌を教えて貰ったりギター弾いて聞かせてくれたんも覚えてます。

もう流石にあの頃に会った人らは死んでるやろうなあ。

でも、色んな遊びに誘われたりしたけど、どうも仁徳天皇陵で泳いだり釣りするのは、なんかあそこ子供心にも不気味で嫌だったんで行かなかったんですよ。

だけどある日、映画の上映会をやるって聞いてね、招待された子だけが見れるって言われて、それが仁徳天皇陵の敷地内やったけど、もう映画の魅力には勝てんわけですよ。

そいでねえ、行ったら白いテーブルクロスの上にジュースやらが並んでて、アメリカ人の子供も何名かおって、もう夢みたいなひと時でした。

簡易的なシーツを枝の間にかけたような粗末なスクリーンやったけど、夜に外で映画を見るってだけでわくわくしましたよ。だってそのころの映画ってちょっとなかなか見れるもんやなかったんです。見たんはチャップリンやったかな？　映画の始まる前のことは細かく覚えてるんやけど、何を見たかはあんまり記憶にないんです。

あんだけ強烈に楽しいと感じたひと時は無かったですね。そしてスクリーンを食い入るように甘いジュースをちょっとずつ舌を伸ばして大切にぺろぺろ飲みながら、ゆっくり味わっていたら、キャーって悲鳴が聞こえたんです。

英語で何か叫んでる人もおってね、アメリカ人をよく思わん連中が襲いに来たんとちゃうかって思って、巻き込まれたら嫌やから木の間にさっと隠れたんです。

闇の中に紛れて、じっとしてたら近くの黒い影や闇がね、餅みたいに動きだしたんです。磁石にくっ付く砂鉄みたいに、ちょっと暗い部分の縁が毛羽立ってて、それに金色の光る玉が目と口当たりにあって、最初なんかアメリカ人が用意した出し物なんやろかって、眺めてたんですが、その金色の目と口のある黒いモヤが、私のこと凄い力でボカボカ殴りはじめたんです。もう痛いとかそういうのじゃないです。重たい塊がずんずん体に振って来る、ドコドコと打ち付けるような感じで声も出ないんです。

骨も折れて、息も出来ないもう死ぬ、死ぬと蹲って一方的な暴力に耐えて、耐えて、あまりにもの痛みに、もうこんな辛いならいっそ一息に殺せって思った時に、ふっとその一方的に私をボコボコにしていた黒いモヤの塊が離れてね。顔を上げたら全身金色の羽根の生えた脇の辺りからビーズ玉みたいなのがぶら下がったもんが立ってたんです。大きさは六十センチくらいやったかな。で、白い湯気のようなモヤの塊が、三つくらいに増えててその横でじっと固まってるんです。

なんかそれ見て、王様と従者みたいやなって思ったんです。それで気をしばらく失ってしまって。

気絶してた時間はどれくらいやったんかは分かりませんが、はっと気が付いて立ち上がって、森の外に出たら私が殴られていた間に、上映会は終わったんか、スクリーンはもう無くて、悲鳴が上がっていたから何かあったからか、アメリカ兵の関係者らしい人らが掃除してました。

私は灯りの中で体を見回しましたが、あれだけ強烈に殴られたのに、青あざ一つついてなくて、暴力の跡が体には何も残ってなかったんです。

ただ、奥歯が痛いんです。それだけ強く歯を食いしばってた証拠だろうと。その場にいた人らにさっき私の身に起こったことを伝えたいと思ったのですが、英語でそんなん説明出来ないし、なんかもう体が疲れ果ててね、早く帰りたかったんです。

サンキューサンキュー言うて、あれなんやったんやろと首を傾げながら帰りました。

翌日は、ケロっと元気になったんで、またアメリカさんのところに行って、昨日の悲鳴はなんやったかって日本語出来る人に聞いてみたら、池からモンスターが出たとか言う人がおったらしいけど、猪が泳いでいるんでも見て間違えたんやろうみたいな説明されました。

それから、しばらくして朝鮮戦争がはじまってアメリカ兵ものんきな雰囲気がなくなって、いつの間にかあの頃遊んでくれた人らとは疎遠になって、気が付いたら駐屯地も何もかも無くなってました。

以上が仁徳天皇陵に、夜私が体験した変な話です。

あの古墳の横の道を通るとね、もう大昔の話やけどあの夜のことを思い出します。

あれが古い神様なのか王様なのか何なのかは、無学な私には分かりませんが、確かに何かがおる場所なんは確かですよ。

そうやからかどうかは不明やけど、今もね時々肝試しに若い人らが行くみたいですけど、なんか酷い目にあったり、この世の物ではないようなもんを見ることがあるらしいです」

（田辺青蛙）

四天王寺　四天王寺の石

怪異！石から聞こえた言葉とは

千四百余年も前に聖徳太子が創建した大阪市天王寺区の四天王寺には、様々な不思議な伝承が残っているという。そんな四天王寺に纏わる話を、東京に住むUさんから聞いた。

大阪観光に来たUさんは、歴女ということもあり夕陽丘をぶらぶらして大坂冬の陣、夏の陣の史跡等を見たあと、四天王寺にお参りに行った。

西の門にあたる石の鳥居の外側に、側面に四角い穴が開いている立石があり、それが穴を拳で叩くとポンポンと鳴るから「ぽんぽん石」と呼ばれていると知っていたUさん。試してみたが、そんな音は鳴らずがっかりしてしまったそうだ。

ただ、気になったのは時々その「ぽんぽん石」に耳を当てている人がいたこと。

なんでそんなことをしているのかと、訊いてみると「ぽんぽん石」の穴に耳を当てると、御先祖様からの声が聞こえるという謂れがあるということを知った。

そんな面白い伝承があるなら、試してみたいと思いUさんは石に耳を当ててみた。

コォーと、石の間を風が通る音が聞こえただけだったので、またがっかりしていたら、傍にいた地元のおばちゃんらしき人に「反対側の耳も試してみたら？」と言われたので、そうすることにした。

すると、風の音にまぎれ「じゅう……はちにち」というしわがれた声が聞こえた。

思わず耳を離して「聞こえた！」と周りの人が振り返るほどの大声を出してしまったUさん。

ただ、何が十八日なのかわからない。

その日は、他の観光客の人に遠慮しながら、人通りがない時に何度も石に耳を当ててみたが、聞こえたのはそれっきりだった。

声のせいで時間を取られてしまい、他に観光も出来ず自宅に帰ったUさんは、とりあえずカレンダー全ての月の十八日に○を付けた。


それから四年後、そんなことをあったことすら忘れ、Uさんは東京都内の神田駅近くの職場で夜遅くまで働いていた。転職したばかりで覚えることも多く、一杯だったUさんは家に帰るのは午前様になることも多く、たまには職場に泊まることさえあった。

その日も十一時を過ぎても仕事の終わりが見えなかったけれど、体力的に限界が近かったので、終電前に帰ることに決めた。

家に戻ると十二時を過ぎていたが、シャワーを浴びる気力もなく着替えもせずに敷きっぱなしの布団に倒れ込むようにして眠ってしまった。

翌朝、九時少し前に同僚からの電話でUさんは目を覚ました。

今まで親しくした記憶もない同僚からで、とりあえず電話番号の登録はしていたものの、お互い連絡を取り合ったことは今まで無かった。

「もしもし?」

電話に出ると同僚は、凄く慌てた口調で職場が半焼してしまったと告げた。

なんでも職場を含む一体が大きなニュースになるほどの火事が起こり、山手線の運行にも影響が出たらしい。

シャワーも浴びず着替えだけして大急ぎで行くと、会社のあるビルの前の通りには山のような瓦礫が積まれていて、道が封鎖されて入れなかった。

職場の状況を確認したいと、側にいた警察官に伝えたけれどまだ鎮火しきっていないし建物の崩壊の危険性もあるので、当分立ち入り禁止だということだった。

会社の上司に電話をかけたが出ず、仕方なく家に戻って何か連絡があるまで待機することにした。

その日は夜八時ごろに上司から連絡があり、警察や消防署の話によると会社の前の瓦礫が撤去されるまでは誰もビルには入れず、撤去には数日を要するのでそれまでは、自宅のPCで出来る範囲での在宅勤務ということを告げられた。

年度末近くということもあって、やることが山積みなのにこの火事でスケジュールが大幅に狂わされてしまうことを考えるとUさんはゲンナリしてしまった。

しかし、不幸中の幸いだったのは、あの日徹夜せずに家に帰ったことだろう。もし、あのまま泊まっていたら火事に巻き込まれていたかも知れない。

職場で寝ている時に火事にあったらきっとパニックになって、どうしていいか分からず煙を吸い込んで最悪の場合死んでいたかもしれない。

そこまで想像するとぶるっと震え、壁にかかった時計とカレンダーを見た。

時間は夜の九時を少し過ぎたところで、日付は十八だった。

以前聞いた、四天王寺のぽんぽん石の声を思い出し「まさかな」と頭を振ってその日Uさんは早めに眠った。

だけども気が高ぶっていたせいか深く眠ることが出来ず、三十分ほどで目が覚めてしまった。

外の空気を少しでも吸って気持ちを落ちつけようと思い、Uさんはベランダに出た。

サンダルを足に引っかけて履こうとしたら、そこに黒い丸まった何かがいた。

側に寄ってみると、それは黒い猫だった。飼い猫なのか首輪をしているし毛並も艶々している。外傷は見当たらないけれど、体は冷たく冷え切っていて、息をしていなかった。

Uさんのマンションはペットが禁止だったが、もしかしたら隣の部屋の住人が内緒で飼っていたペットがベランダに迷い込み、亡くなったんではないかと思ったそうだ。

なので、少し遅い時間だったが、インターフォンを押してお宅の猫さんがうちに迷い込んでいたかも知れないと隣に告げたが、うちはペットを飼っていないと言われた。もう片方の隣の部屋は空き家でだれも住んでいない。外から迷い込むとしても、Uさんの部屋は十一階なのでその可能性は低い。

首輪をしていたので、もしかしたら裏に連絡先でも記してないかと思って外してみた。

すると、裏側に「ミワコ」と書かれていた。

それにはぎょっとしたらしい。

Uさんの下の名前は美和子と言う。

瓦礫の撤去は三日ほどかかり、四日目にやっとUさん達は職場のビルに出社することが出来た。とにかく十八日にUさんの身には色々起こった、それがポンポン石を通じてご先祖様が言いたかったことなのかどうかは不明で、関連も分からない。

（田辺青蛙）

■池田市

木部町の五月山

夜景スポットとして有名。特に五月山霊園からの眺めは絶景とのこと。この山の展望台の近くにあるトイレでは毎年のように首を吊る人がいるらしい。しかも毎回同じ個室とのこと。トイレの近くで女性の幽霊を見たという目撃談が多数ある。その霊は展望台周辺も彷徨っていて、展望台を登っていると背後から足音が聞こえるのに振り返ると誰もいないという心霊現象がインターネットに多数書き込まれている。また、近くにあるトンネルではランドセルを背負った小学生の女の子の幽霊が目撃されているらしい。

■泉南郡

熊取町の皆殺しの館跡

数十年ほど前、ここにはとある家族が住んでいた。ある日、気のふれた父親が妻子を日本刀で惨殺し最後は自分の命をも絶ったらしい。父が何故突然そのような凶行に及んだのかは不明だが、麻薬中毒者だったという話もある。

その後家は廃墟となったが、その家の中に入ったり、表札の苗字を口に出して読むと呪われるといった噂があった。

しばらくして高速道路の工事のためその家の取り壊しが始まったが、工事中に作業員が次々と謎の死を遂げたため取り壊しは中止となり、高速道路はこの家の周囲を迂回して建設された。

その後、家族の霊を供養するため小さな寺が建てられたが、寺の中の障子にはびっしりとお経が書かれていたり、髪の毛の束が落ちていたり、奇妙な声が聞こえたり人影が見えたりし、さらに老婆の首吊り死体が見つかったこともあったらしい。寺は火事で焼け崩れ現在は荒れ地となっているとのこと。

■泉佐野市

犬鳴山トンネル

大阪屈指の心霊トンネル。犬鳴山は修験道に使われていた霊山で、霊力の強い場所である。トンネル内に少女の霊、トンネル入り口には少年の霊が現れることで有名。また、トンネル内では絶対にバックミラーを見てはいけないらしい。さらにトンネルの前で車を停めると、見知らぬ女性から車に乗せてほしいと声をかけられるという噂もある。

■和泉市

黒鳥町の黒鳥山公園

花見スポットとして有名な公園である。また、信太山《しのだやま》陸軍墓地があった場所でもあり、公園内に忠霊塔がある。忠霊塔は、太平洋戦争開戦から約5カ月後の1942年4月に完成し、約1560人の骨壺と1400柱を超える位牌が納められている。この忠霊塔を写真に撮るとオーブが写ったり、忠霊塔の前で花火をすると内部から扉を叩く音がする、などの噂がある。さらにこの公園では自殺が多い。また2014年11月、公園内の遊歩道で人間の頭蓋骨と思われる骨が発見されている。頭蓋骨は60歳前後と推定される女性のものだった、とのことである。

■大阪市

北区の泉の広場

大阪屈指の地下街であるホワイティうめだの一角にある。2ちゃんねるや心霊サイトなどに「赤い女」の書き込みが増え、心霊スポットとして有名になった。その噂は赤い服を着ている女性が泉の広場周辺をいつも歩いているとの報告から始まった。2ちゃんねらーの中から現地まで足を運ぶ者が続出、その中の一人が赤い女と思わしき女性を見つけたため声をかけたところ、その女性は髪を振り乱しながらものすごい勢いで近づいてきたそうだ。顔は無表情で目は白目がなく絵の具で塗りつぶしたかのように真っ黒だという。そんな異様な光景を周囲の人は誰も気にかけていなかったという。そのことから、赤い女の正体は幽霊なのかもしれないと言われるようになった。その後も赤い女は度々目撃されている、とインターネットには書き込まれている。

北区兎我野町

ホテル関西308号室

ある人が大阪に出張になり安いホテルを探していたところ見つけたビジネスホテル。一室だけ空いていたので予約の電話をかけたところ、受付の人から本当に借りるのかと何度も訊かれたらしい。不思議に思ったが、ここが安いので宿泊してみると部屋には髪の毛の束が落ちていて、室内には神棚があった。ベッドで横になると頭側の壁から坊主頭の顔が現れ、体の上では頭が2つある黒い顔の赤ちゃんがハイハイをしていた。買っておいた菓子パンは朝になるとドロドロに腐っていて、調べてみるとその部屋は有名な心霊スポットだった、とインターネットに書きこまれている。

大正区

千島公園（昭和山）

大阪万博を控えた昭和45年（1970年）に造られた公園。当時、大阪万博に合わせ地下鉄工事が急ピッチで進められていた。府内のあちこちを掘り返したため大量の残土が出た。その残土で木津川近くの貯木池を埋め立てたのが昭和山である。この公園は、首吊り自殺がとにかく多いことで有名である。ある人が夏の夜にこの公園で友人たちと花火をしたときのこと。誰かに名前を呼ばれたため声がした公園の奥に行ったところ友人はおらず、来た道を戻ろうとした。しかし、どうしても元の道に戻れず道に迷ってしまった。しばらくすると後ろから足音が聞こえてきたため振り向くと、白い影が追いかけて来たそうである。必死に逃げたが追いかけてくる。逃げているうちに次第に意識が薄れ、気を失い公園内で倒れていたところを友人が見つけ無事だった、というエピソードがインターネットに書き込まれている。

中央区千日前

千日デパート火災現場跡

火災により100人を超える焼死者が出たデパート跡。その時焼死した人の霊が今でも店内を歩きエレベーターに乗っているため、霊感の強い人は近づかないほうがいい、とインターネットに書き込まれている。

浪速区

首吊り廃墟

新世界にあったビルで、火事で全焼しているが、そのまま放置されている。ある人がそのビルのむかいにあるホテルに宿泊し窓から景色を撮影した際、そのビルが写り込んでいた。写真を眺めていると屋上に人影のようなものが写っていた。気になってホテルの従業員に連絡し、警察をよび屋上を調べてみると、そこには死後数年は経っている白骨死体がぶら下がっていた。さらに、白骨死体の話を知ったある青年が見物に来た際、屋内に人形がぶら下がっているのを発見した。その人形の周囲にはいくつもの靴が一緒にぶら下がっていたらしい。不気味に思いながら青年は帰宅した。その数日後、そのビルの屋内で首つりの死体が発見されたことを青年はニュースで知った。さらに後日、もう一体死体が発見され、計三体の死体がこの場所で見つかったことになる、とインターネットに書き込まれている。

長居公園の公衆トイレ

東住吉区

夜、女性の幽霊を見たとの噂が多数寄せられているらしい。某アーティストのコンサートでの落雷事故との因果関係は不明とのこと。

淀川区新北野の事故物件

その物件のエレベーターには防犯カメラが取り付けてあり、外部モニターでエレベーター内を見ることができるが、乗った人と降りる人が別人になっていたり、乗った人が降りてこなかったりするらしい。

貝塚市の貝塚結核病院

日本三大心霊スポット。老婆や少年の霊が目撃されており、非常に不気味な雰囲気の漂う廃病院。さらにここは少年保養所でもあり、若くして死を迎えた者も少なくない。二階には金網が張り巡らされている。病院の建物はすでに取り壊されていて、現在はレストランが営業中とのこと。

水間の一龍旅館

三十年以上前に廃業した旅館である。昔この旅館で服毒で心中を図った男女がいたが、女性が先に毒を口にして苦しむ姿を見た男性が旅館から逃げ出すという事件があったらしい。その事件以来、外から旅館を見ると、誰も宿泊していないはずの二階の窓から女性がこちらを見ていることがあるらしい。逃げ出した男性を今も探しているのかもしれない、とインターネットには書き込まれている。また この旅館のオーナーは自殺しているとの書き込みもある。

■柏原市

高井田の田中家

心霊マニアの間では、「田中邸」「皆殺しの家」などと呼ばれていた。今はもう取り壊されていてなにもない。この家の主が発狂して家族を惨殺し、地元の新聞にも掲載された。事件後廃墟となった田中家に行った人によると、他の部屋から叫び声が聞こえたり、誰かに腕を掴まれたりしたらしい。

■河内長野市

滝畑府道61号線の滝畑第三トンネル

大阪の心霊スポットとして有名な、滝畑ダムの近くにあるトンネル。滝畑ダムの周辺には多くの心霊スポットがあるが、その中でも有名なのがこのトンネルである。入口から出口が全く見えないため、トンネルに入った人は二度と外に出られないのではという錯覚を起こすらしい。首なしライダーの出現、フロントガラスに血の手形がつく、少女の霊が歩いているなどの噂が多数ある。さらにトンネルの先には狭い道があり、その先には小さな地蔵がいくつも並んでいる。その場所は若い女性が殺されて埋められた場所らしい。近くには小さな小屋があり中には千羽鶴が飾られている、とインターネットに書き込まれている。

滝畑の梨の木隧道《すいどう》

滝畑ダム周辺の心霊スポットの中でも最も危険な霊が出るといわれている場所。トンネルは短いが、交通事故死や自殺した人の霊が出ることで有名である。顔の半分が焼けただれた霊が目撃されたり、車で通ると窓ガラスにいつの間にか血の手形がつく、などの噂がある。またトンネル内で車を停めてクラクションを鳴らすと、少女の霊がどこからか現れ家までついてくる、とインターネットに書き込まれている。

滝畑ダム

ここは大阪でも屈指の心霊スポットである。このダムに行って、その後原因不明の高熱を出したり病気になって入院したりする人が後を絶たないらしい。このダムの周辺でも様々な心霊現象が報告されていて、塩降隧道トンネルでは女性の霊や首のない霊が目撃されている。また滝畑ダムに掛かる夕月橋では過去に何度か入水自殺が起きているらしい。また、夕月橋を渡っていると、白い髪で白い着物を着た老婆の幽霊がもの凄い勢いで追いかけてくるらしい。追いかけることで、橋を渡る車にスピードを出させようとし、実際にスピードの出し過ぎで事故を起こした人もいるようである。また、橋の途中で下を見下ろすと、水の中から手が伸びてきて引きずり込もうとするらしい。夕月橋に出現する幽霊は、生きている人間をあの世へ連れていこうとすることから、この橋はあの世とこの世の境界ともいわれている、とインターネットに書き込まれている。

■交野《かたの》市

東倉治の源氏の滝

この滝から転落死した子供の霊が現れると噂されている。そもそも源氏の滝という名前も、源氏姫という人物がこの滝に身投げをしたことに由来しているとのこと。河原の近くに人が立っている、心霊写真が撮れるなどの噂もあるらしい。

■堺市

堺区のリバーサイド病院

この精神病院では患者に怪しげな治療を行っているとの噂があり、死者が頻繁に出ていた。さらに閉鎖後にはある男性が病院に残された精神薬を持ち帰る事件を起こしている。現在は取り壊されているが、人体実験により死亡した患者の霊が成仏できず付近を彷徨っている、とインターネットには書き込まれている。

南区茶山台の大蓮公園

この公園では、事件や事故で亡くなった人が何人もいるという。自殺も多い。しかしこの公園で最も有名なのは「ゴーゴートンネル」である。名前に「トンネル」がついているもののトンネルではなく、池に水を供給するための地下水路で、水の流れる音が「ゴーゴー」と聞こえることから、地元の子供たちの間で「ゴーゴートンネル」と呼ばれているとのこと。心霊サイトによると、水路の入口から奥まで順番に2～82番まで、数字が壁面に赤字で書かれていて、一番奥の82番に行くまで二時間ほどかかるという。そして一番奥には扉があり、扉を開けて写真を撮ると霊が写りこんだり、頭上から女の霊がこちらを覗いていることもある、とインターネットに書き込まれている。

■吹田市

岸辺の紫金山公園

公園の中にある森で首吊り自殺が多数発生しているらしい。公園内には釈迦ケ池という池があり、この池に自殺者の霊がたくさんいるといわれている。以前女性の遺体が発見されたこともあり、公園内のトイレに女の幽霊が出るらしい。

■泉南市

樽井のマルイ病院

この病院で手術をすると高確率で死ぬらしい。廃院後、廊下を歩く看護師の霊を見たという噂がある。

■大東市
中垣内

はや山荘

生駒山の中腹でかつて営業していた焼肉屋の廃墟。夜になると赤く光るネオンサインが有名で、三階で宿泊することも出来たらしい。しかし２０１８年7月、豪雨で土砂崩れが起き、一階部分が土砂に埋まり、営業再開のめどが立たず廃業した。土砂崩れによる犠牲者はいなかったが、女性の霊が出るようになったといわれている。近くに墓地と動物霊園があり、心霊スポットとして有名な須波麻《すはま》神社が近くにあるため、立地的に心霊現象が起きやすいのかもしれない。

■豊能《とよの》郡

豊能町の野間トンネル

白い服を着た女性の霊が出るといわれている。地元のタクシー運転手がここを通ることを避けるほど、霊の目撃情報が多い。ここは妙見山という霊山の一部であることも関係しているのかもしれない。トンネル近くのカーブは見えづらく、事故が多発している場所でもある。

能勢町妙見山

昔、処刑が行われた場所で、この一帯は、「生首谷」「地獄谷」などと呼ばれていた。戦国時代には、打ち首になった罪人たちの首がゴロゴロ転がっていたといわれている。その時に処刑されたと思われる首のない霊の目撃情報が多数ある、とインターネットに書き込まれている。

■阪南市
山中渓

ほととぎす旅館

もともとこの辺りは温泉地で観光客で賑わっていた場所である。現在は全ての旅館が廃業になり建物が取り壊されているが、唯一この旅館だけが当時のままの姿で残されている。心霊スポットとして名前が知られるようになったのはわりと最近とのこと。白い服の女性が出るという噂がある、とインターネットに書き込まれている。

■東大阪市

上石切町の旧生駒トンネル

1911年に3年がかりで開通したが、その工事は難航した。地盤が緩い場所で、1913年には落盤事故が起き20人もの犠牲者が出た。さらに1946年にトンネル内で車両が炎上し23名が死亡、75名が負傷した。翌年も火災発生で40名が負傷。さらに翌年、急行列車の追突事故により49名が死亡、負傷者は282名にも及んだ。現在は柵が設置されておりトンネル内に入ることはできないが、トンネルに入る白い影の目撃情報が多数ある、とインターネットに書き込まれている。

出雲井町の枚岡神社

この神社には老婆の霊が出るらしい。その老婆は神社の近くに住んでいたが、重い病気に苦しみ自殺したとのこと。老婆の霊に肩を触れられると、3年以内に死ぬという噂がある。またこの神社には「首洗い井戸」と呼ばれる井戸があり、鎌倉時代、足利尊氏に敗れた楠木正行の首が洗われたといわれている。そのため井戸の近くでは武将の霊が目撃される、とインターネットに書き込まれている。

■枚方市

山田池南町の山田池公園

この公園は枚方八景のひとつに数えられ、池から見る月が美しいことで有名である。しかしこの公園は、自殺の名所でもある。過去には首吊り自殺、池での入水自殺があり、また水死体も発見され、ほかにはトイレ内で焼身自殺もあったらしい。園内には美月橋という吊り橋が架かっているが、ここからの飛び降り自殺があとを絶たないとのこと。霊の目撃談も多い。トイレの電気が点滅し、写真を撮ると女の顔だけが写っていたということもあったらしい。また、赤い三輪車に乗った男の子が猛スピードで追いかけてくるという噂もある。

■箕面《みのお》市

箕面公園の落合谷橋

心霊スポットとして有名な箕面の滝の近くにある橋。このあたりでは自殺が多い。また、橋を渡り左に歩くと小さな滝があり、その場所で昔一家心中事件があったらしい。いまでもその心中した家族の霊が出るといわれている。また滝の近くで誰かの足音に追いかけられる体験をした人もいるらしい。

また滝に行く途中では川のへりに木のツタがぶら下がっていて、このツタで首吊り自殺をした人がいるという話もあり、このツタを触ると事故にあったり怪我をしたりする、とインターネットに書き込まれている。

■八尾市

西久宝寺の久宝寺緑地

自殺スポットとして有名。急に足が動かなくなり前に進めなくなるなどの心霊現象が報告されている。

DRY
CHINTAI

兵庫県の怖い街

兵庫県の怖い噂

神戸市某所
奇妙な郵便物が知らせる恐怖

あいつ

三十代男性真木さんは故郷の神戸を離れ数学教師として大阪の高校に勤めていた。彼は鞄から一封の封筒を取り出した。一週間ほど前に大阪の自宅に届いたものだそうで、差出人住所に記された施設のロゴマークが入った白色の長型三号封筒であった。封筒の中身は三つ折りされた二枚のコピー用紙で、強い折り目と皺のなさには差出人の几帳面さが表れていた。真木さんによると二枚の紙は彼に宛てた手紙だったが、差出人の名前には心当たりがないそうだった。

手紙はペンで書かれたもので達筆であったが、二行三行目に目を走らせたところ、誰かに宛てた文章構成ではなくただ体験した出来事を書きつけただけの日記のようにも見えた。二枚の紙はどこか気味悪く、可能な限り手に持ちたくはない代物だった。そこで、ボールペンを文鎮代わりにして机の上に寝かせて読み進めることにした。空調の風に煽られ揺れる二枚の紙には次のように書かれていた。

先日、車を走らせていたらある公園の前の道路にさしかかりました。そこでは小学生たちがだるまさんがころんだをしていたんです。

目の前は公園だというのに、そこに背を向け車道を横切る向きで静止する五人の小学生と電柱に腕をつけて彼らを見つめる鬼の一人。鬼に見つめられ硬直する五人が邪魔で車が通れません。クラクションを鳴らします。イライラします。年を取ると、すぐにカッとなって自分で自分に嫌気が差します。意地を張って車を遮る五人以上に、車が来ていることを分かっていながらニヤニヤとした目で彼らを見つめる鬼に腹が立ちました。というのも、私も小学生のころ、同じようにだるまさんがころんだでムキになった経験があるのです。

わんぱく小僧だった僕たちが野球やサッカーをして走り回るなか、だるまさんがころんだを誘ってくるやつがいました。

僕たちはその地味で動きの少ない遊びに文句を垂れつつもしぶしぶ公園を出てスタート位置の歩道につきます。あいつは車道を挟んで向かいの歩道に立って電柱に腕をつき、はじめの言葉を叫びます。

「はじめのはじめの第一歩」

その合図で歩道から車道へと飛んだ僕たちを見て、あいつはニヤリと笑いながら僕たちに背を向け、電柱にもたれかかった腕で目を覆います。

思えば、あいつとはそこまで仲良くありませんでした。いつも遊ぶグループでもなかったし、家へ帰る方向も違ったはずです。いつもニヤニヤしていて、勉強は得意でも運動が苦手だから野球やサッカーには参加せずいつもだるまさんがころんだに誘うやつでした。

「だ〜るまさんがこ〜ろんだ」

あいつがそう言う間に僕たちはじりじりと距離を詰めていきます。それを何度か繰り返すうちに、僕はついに車道の真ん中の白線を踏みました。折返し地点です。他の友達はまだみんな僕の後ろ、スタートから数歩のところで固まっています。先頭の僕があいつにタッチすればこの遊びは終わりです。

そのとき、徐々に大きくなるエンジン音とともに車が近づいてきました。あいつはニヤニヤと僕たちを見つめます。クラクションが鳴ります。あいつはニヤニヤと見つめます。僕たちは動きません。

そういえば、あいつは同じクラスでもなかったはずです。あいつの成績なんて知らないし、家がどこだったのかも知らなかったはずです。同じ小学校を卒業したやつらがほとんど入学する地域の中学にもいなかったはずです。そもそも、あいつの名前はなんなのか、背丈、体型全て思い出せません。唯一思い出せるのはあの僕たちの動きを止めるニヤニヤとした顔だけです。僕の友達を轢き殺すこととなったあのニヤニヤとした顔だけなんです。

クラクションが鳴ります。長い時間昔のことを考えていました。立ち止まる私の車に後続車は相当苛立っているようです。

車道上の五人の小学生はもういませんでした。電柱のそばであいつがニヤニヤとこちらを見つめます。後続車のクラクションが鳴ります。私は動けません。あいつが見つめている間少しでも動けば負けなんです。クラクションが鳴ります。そもそもあいつがだるまさんがころんだを始めたのが悪いんです。あいつは何者なんでしょう。今私を舐め回すような目でニヤニヤと見つめるあいつ。そして僕の友達が轢死するさまを愉しそうにニヤニヤと見物していたあいつ。あいつさえいなければこんなに悩む必要はなかったんです。自分の思い通りに体が動かせるんです。イライラします。年を取ると、すぐにカッとなって自分で自分に嫌気が差します。

あいつはニヤリと笑いながら私に背を向け、電柱にもたれた腕で目を覆います。

「だ～るまさんがこ～ろんだ」

私はハンドルを切りアクセルを目いっぱいに踏んで電柱目掛けて走り出しました。

先頭の僕があいつにタッチすればこの遊びは終わりなんです。


出来の悪いただの創作物かのようにも思えたが、これをわざわざこの施設の中から真木さんに送る理由が分からなかった。差出人住所には神戸市に位置する総合病院の病室が記されていた。

「小学生のころ、私はこの病院に入院したことがあります。自動車事故に巻き込まれたんです。といっても、急に暴走した自動車が電柱に衝突したのを目の当たりにして、ドジな私は転んで頭を打っただけなんですが」

真木さんは淡々と語る。

「一週間も経たないうちに退院して、後遺症もなしと診断されましたが、何となくずっと記憶のほんの一部だけ飛んでいる気がしてたんです。小学校のころから習い事漬けで友達なんてほとんどいませんでしたから、そもそも小学校の思い出なんてほとんどないようなものなんですがね。おそらく何かを忘れているんです」

彼は言うのも憚られるような仮説に触れた。

「私はあいつなんでしょうか。幼いころの私は誰かを殺したんでしょうか」

彼は差出先の病室に訪れることも考えたが、自らが過去に犯した禁忌に触れるかもしれないと思うと勇気が出なかったそうだ。


大阪に住む真木さんに病室から手紙を差し出したのは誰だったのだろうか。自動車事故を起こした入院中の患者か、得体の知れないあいつなのか、或いはあの日真木さんが病室に忘れた人殺しの罪そのものだったのかもしれない。

（COCO）

三宮 サウナの都市伝説
ナゾ多き深夜の訪問者

児玉健司さん（仮名・30代男性）は、数年前まで三宮にあるサウナでアルバイトをしていた。

「僕は深夜帯に入ることが多かったので、かなり壮絶でしたよ。深夜にサウナにくる人って酔ってるから。何いってるか分からないし、寝ちゃうしね。気分悪くなる人も多かったですね。まぁ、掃除が大変でしたよ。僕は終電逃してもサウナには泊まらないなぁ」

その日は、あまり話したことのないスタッフと二人で深夜のシフトに入っていた。

「あんまりお客さんがいなかったんですよ。本当はいけないんだけど、スマホで動画を観たり、もう一人の学生の子と話したりしてましたね。2時くらいに、70歳くらいの人が入ってきたんです。もちろん男性です。ごく普通の人。髪の毛は白髪だったけどふさふさでした。背は170センチくらいかな。泥酔している雰囲気でもなかったし、普通に受付しました」

しばらくすると、男性は児玉さんに携帯を貸して欲しいといってきた。

「自分のはないんですか？　って聞いたんですけど、持ってないって。どうしても連絡をとらなきゃならないことがあるから貸してくれっていうんですよ。自分のスマホを貸すのは嫌だったから、サウナの固定電話を貸してあげたんです。盗み聞きするつもりじゃなかったけど、電話のそばに僕もいたから聞こえちゃって。捨てた。とか、始末した。頼む。とかそんな話をしてたんです」

二言三言誰かと話すと、男性は礼をいってサウナを出て行ってしまったという。

「それからも、3回同じことがあったんです。全員違う人。夜中に男の人がきて電話を貸してくれっていう。で、眠るわけでもなく帰るんです。決まって人の少ない日なんですよね」

深夜シフトが終わり、帰宅しようと歩いていると、ある事故現場を目撃した児玉さん。目を背けて足早に通り過ぎようとしたが、運転席で項垂れている男性を見てしまった。

「最初に電話を貸した男の人だったんですよ。いい気分はしなかったけど、偶然だとしか思わなかったです。次のシフトで、電話を貸したときの学生の子とまた一緒になったんで、事故の話をしたんですよね。そうしたら、その子は4回目に電話を貸した男の人が、救急車で運ばれるのを見たっていうんです。場所は全然違います。日にちも時間も。おかしくないですか？　電話を貸して欲しいとかいうのも普通じゃないのに、4人の男の人のうち二人の危ない現場を見ちゃうなんてことあります？　絶対偶然じゃないですよ」

児玉さんは、あの電話は、嘱託殺人の依頼なのではないかと推測する。

「きっと、闇のルートがあるんです。リダイヤルしたり、調べたりしてみたらよかったかなぁ。でも、あのときはそんなにおかしいことだと思わなかったんですよね。知らないほうがいいことかも知れないしね」

こんな話しかないですけど。と、児玉さんは話してくれた。


（桜木ピロコ）

神戸市中央区某所 金縛りに遭うホテル

気のせい…なのか？

情報番組で、神戸の素敵なホテルの朝食を紹介していた。一目見て、どうしてもその朝食が食べたくなり、彼氏に我儘をいって、連れて行ってもらうことにした。高級なホテルだし、せっかくならとホテルに宿泊することにしたのだ。

神戸には何度も行っているが泊まるのは初めてで、とてもわくわくしていた。早めに家を出て、昼間は観光。異人館をゆっくりみて、ランチはステーキを食べた。レトロな喫茶店に入り、飲んだコーヒーは何だかいつもより美味しい気がした。

メインはホテルと考えていたので、午後3時になると、すぐにチェックイン。部屋はテラスのついた夢のような部屋だ。まるでお姫様になったような気分で、お風呂に入り、ベッドに横になって二人でテレビを観た。豪華で可愛いインテリアに酔いしれ、夕飯なんてどうでもよくなってしまい、うたた寝してしまったのだ。まだ午後5時くらいだったと思う。

「うう。うー」という彼氏の声で目が覚めた。ふざけているのかと思い、笑いながら彼氏を起こすと「いま、金縛りだった。俺、助けてっていってたんだけど、わかった？」という。正直、まったく気が付かなかった。

彼氏がいうには、うとうとし始めたら、人の気配を感じた。自分のすぐそばで顔を覗き込んだり、肩や腕の辺りを撫でるような感覚があり、私だと思ったというのだ。起きようかと思ったら、まったく身体が動かない。頭はどんどん覚醒していくのに、身体は重くて、がちがちになっていったそうだ。横を見ると、私は寝入っている。何とかして欲しくて声を振り絞ったということだ。彼氏は動揺していたが、金縛りなんて疲れてるとなるものだ。まったく気にせず聞き流し、夕飯を食べ、だらだらすることにした。

午後10時くらいにテラスで部屋に置いてあったハーブ

ティーを飲み、23時くらいには二人で本格的に眠ることにした。彼氏には「肉体が疲れているとそういうことあるんだよ。心配ないよ」といっておいた。眠りについてすぐだったと思う。暑いなぁと思って目が覚めた。と、同時に今度は私が金縛り。何も見なかったし、何も感じなかったが、さすがに二人とも金縛りに遭うのが疲れや気のせいでは済まないと思う。夜中は、彼氏のほうは無事だった。

帰宅後、そのホテルのことをネットで調べても何も出てこなかった。

とても素敵なホテルだったので、また行きたいと思っている。ただし、今度は別の部屋に泊まりたい。

（桜木ピロコ）

波止場町ホテルO　すり替わった女

寒い季節の奇怪な夜

20代後半の年末に神戸に旅行に行った。ホテルの予約がなかなか取れなかったのだが、奇跡的に1軒予約が取れたのだ。それが「ホテルO神戸」だ。高級なホテルだし、サービスに定評がある。妻はホテルにうるさいところがあるので、Oが取れてほっとしたものだ。

年末でホテルの料金が高額だったこともあり、東京からは車で神戸に向かった。休み休み7時間ほどで着いたと思う。高速道路なので、想像していたよりずっと楽だった。

部屋は特別変わったところはなかったが、非常に旧いと感じた。カーテンやベッドのリネンは毛羽立っているし、机は色が剥げている。Oともあろうホテルがこんな部屋なのかと少々がっかりした。ブランド好きな妻はOだというだけで満足だったのか、文句が出ることはなかった。

2泊する予定だ。着いた当日は、ホテル内の鉄板焼レストランで食事をし、夜、神戸の街をドライブする。二人とも酒は飲まない。7時間も運転していたので、その日は30、40分市内をまわって部屋に戻ってきて眠ることにした。いつもはキングサイズの部屋を予約するのだが、そのときはツインの部屋だった。

寝つきの悪い妻が寝苦しそうにしていたが、さすがに疲れていたのでケアをせずに眠りについた。

「あつい。あつい」という声で目が覚めたのは午前3時過ぎ。年末だ。寒いことはあっても暑いなんて考えられない。妻のほうを見ると、ボブヘアーでぽっちゃりした体型のはずの妻がいない。

いないというか、妻のシルエットではない別の何者かが半身を起こし、こちらに向かって「あつい。あつい」と声を上げているのだ。髪は肩より長く、暗い中でも骨ばっているのが分かるほど痩せている女だ。ぎょっとして枕元のスタンドをつけた。そこにはぼんやりとした妻が、やはり半身を起こし首だけこちらに向けていた。しばらく対峙していると「この部屋おかしい。いま、すごい金縛りだった」と絞り出すように妻がいった。

全ての電気をつけ、開いた荷物を詰め直し、二人で急いで部屋を出ることにした。幽霊など信じてはいないが、あのシルエットは絶対に妻ではなかった。さらに声だ。しわがれて低い声。得体の知れない女が発しているはずなのに、なぜか耳元で聞こえた。耳に口をつけて「あつい」といったのだろうか。思い出すと今でも嫌な気持ちになる。

考えてみればあんな年末に空いていた1室だ。いわくつきであってもおかしくはない。

（桜木ピロコ）

北野異人館
お願いはしてみたものの……
サターンの椅子の効果

以下は、洋館が好きで、異人館目当てに神戸観光をしたという40代女性Aさんからきいた話だ。Aさんとは学生の頃からの付き合いで、親しい友人である。

「クラシックな建物が好きなんだよ。洋館の凝ったデザインとか、窓の雰囲気とか最高じゃない？　まぁ。趣味だよね。そういう雰囲気のホテルとか大好きだし。8年くらい前に、観光で神戸に親と行ったんだよ。猫を飼ってたから1泊だけ。親は歳だから三宮のほうにいてもらって、私だけ一人で北野の異人館街に行ったんだ」

Aさんは有名なうろこの家や風見鶏の館、萌黄の家をじっくりと見てまわった。混雑した8月をずらした9月の平日。観光客はまばらだったという。

「山手八番館のサターンの椅子って知ってる？　テレビでこの椅子に座って願い事をすると叶うって放送されて、すごく話題になってね。座ってみたかったの。願い事っていっても、真剣に叶うと思って願ったわけじゃないよ。でもせっかくだから『食べても太りませんように』って願ったんだ。赤いビロードの布地に、飴色の木の彫刻がすごくよくてうっとりしちゃった」

親と合流し、夕飯をとり、ホテルへ。神戸旅行は楽しいものだったという。

「帰ってきて、2週間くらい経った頃かな。何だか疲れがとれなくてよくマッサージに行くようになったの。それでもずっと身体が重い。いよいよおかしいと思って病院に行ったのは10月になる頃だったね」

検査の結果、異常が見つかった。命に別状はないものの今後、激しい運動や徹夜、身体に無理がかかることはできないという内容のものだ。

「それからだよ。あんまり食べられなくなったし、食べてもどんどん痩せてくの。羨ましいとかいわないでね。私、痩せすぎだよ」

現在、Aさんの体重は36キロだ。

「サターンって悪魔のサタンじゃなくてギリシャ神話に出てくる五穀豊穣の神様の名前なんだって。本当かね。確かに願いは叶ったのかも知れないけど、代償とられたって思ってる。願い事って神社でもパワースポットでもどこでもするべきじゃないよ。だって『それを叶えてくれるのが何か分からないじゃん』」

ぞっとした。

（桜木ピロコ）

六甲山国立K大学　獣道にあらわれたもの

記憶の中の消せない場面

六甲山にある国立K大学出身の50代男性Aさんが、唯一体験した怖い話として教えてくれた。

「ボート部でした。いつも荷物を持って近道してたんですよ。ちょっとした山道というか、獣道ですね。舗装されてないところを通って、練習する場所まで行ったり、部室に帰ったりしてたんです。いつもは、仲間と一緒のことが多いんですけど、その日は私一人でした」

夕暮れの獣道を校舎に行こうと歩いていたという。季節は6月。完全に日が落ちる前くらいの時間だったそうだ。

「バッグを肩に掛けて歩いてました。私は、ちょっと俯きながら歩くのが癖なんですけど、そのときは、前方が気になったんですよ。気配がしたんでしょうね。顔をあげました」

目の前には、白くぼんやりとした女性とその女性の腰くらいの大きさの子供が二人。男の子だった。

「見た瞬間『あ。ヤバい』と思いました。透けてるというか、すべてがはっきりしない人たちで、一目で幽霊だって分かりましたよ。精神力は強いほうだと思っていたんですけど、脚が竦んで動けなかったですね。金縛りではなく、恐怖で。どうしていいか分からなかった。そのとき、猪に遭ったときのことを思い出したんです」

Aさんは、1年前に同じ獣道で猪に遭遇していた。

「動いたらダメだってきいてたから、じっとしていたんです。そうしたら、猪は私の横を静かに通り過ぎて行った。ひょっとしたら幽霊も通り過ぎてくれるんじゃないかと思って、じっとしていたんです。それがよかったみたいで、その親子も静かに僕を避けて通り過ぎて行ってくれたんです。足音はしませんでした。滑るというか、少し浮いているようで、磁石みたいにすーっと移動して行きましたね」

できるだけ、幽霊のほうを見ないようにしていたというAさんだが、好奇心に負けて通り過ぎる瞬間、見てしまったそうだ。

「母親の幽霊の目が真っ赤でした。僕のほうに直角に首を曲げて顔を向けていて。見開かれた目が真っ赤だったんです。こんな風に話してますが、30年経った今でも、あの目を夢でみてうなされるんです」

仕切りに拳を握りながらAさんは話してくれた。

（桜木ピロコ）

水道筋 商店街の怪人
デート中にお邪魔します……

主人と結婚することが決まったとき、学生の頃に住んでいた街を案内したいと、水道筋に連れて行かれた。今から10年くらい前のことだ。

関西は、修学旅行で京都にきたことがあったくらいで、神戸は初めてだ。もともと街ブラが好きなので、観光地ではない生活の匂いがする関西を見ることができることを、とても楽しみにしていた。

大きな商店街は、活気があって華やか。どこか東京の下町の雰囲気に似ていて、すぐに魅了された。写真を撮ろうとスマホを手にとると「撮ったろか?」とおじさんが声を掛けてきてくれた。たこ焼きが一船１００円。切り花もすごく安い。観光地とは違った色がついた風景は、心にしっくりと馴染む。上機嫌で、二人手をつなぎ、商店街を歩いた。

「あれぇ。こっちだと思ったんだけどなぁ。好きそうなお菓子屋があるから、見せようと思って」

彼はそういうと、商店街から外れ、住宅街のほうにどんどん進んで行く。お昼過ぎのまだ明るい時間だったはずなのに、何となく空気が暗い。それまで買い物客のしゃべり声や笑い声、音楽なんかがきこえていたのに、急に無音になった。でも、それは後から思い返して感じたことで、そのときは疑いもせず、彼に手を引かれるまま知らない住宅街をふらふらと歩いていたのだ。

大きな声で突然名前を呼ばれ、驚いた。

「ちょっと。一人でどこ行くの？ 何度も呼んだんだよ」

心配そうな顔をした彼が左の手を掴んでいた。今まで右手をつないでいた彼は？ 頭が混乱して言葉が出てこない。あぜんとしていると、

「急に、一人で歩き出したんだよ。追いかけたんだけど、速足で歩いてでなかなか追いつけなかった。大丈夫？」

と彼がいう。「あなたに手を引かれてお菓子屋をさがしていた」と説明すると、

「俺じゃない」

と、彼が真っ青な顔でいった。あれが何だったのか今でも分からないままである。

（桜木ピロコ）

明治橋トンネル

暴走の果てに……

広がるシミ

怪現象が起きる心霊スポットとして《トンネル》はよく取り上げられているが、大体は山の中にひっそりと残された「かつて使われていた」的なのが多いのだが、此処のトンネルは稀有な存在では無いだろうか。

名前は《明治橋トンネル》という……いかにも雰囲気がありそうな響きである。ただ、いわゆる山の中を通るトンネルでは無く、道路の高架下の通路状になったもので、神戸市内を抜ける国道2号線の30メートルくらいの跨先橋となる《明治橋》下にあるのだ。

この明治トンネルは上の道路は車の通行量が多く、かなりの喧騒であるが……下の通路は車や人がそれなりに通行はするのだが、何処か寂しい独特の雰囲気が漂っている。それはトンネル内の壁という壁、天井も含む一面にひび割れのようなシミが拡がっているからだろう。しかも、そのシミにはいわくある話が伝わっているのだ……。

かつて、19歳の少年が原付バイクに彼女と2人乗りで走っていたのをパトカーがサイレンを鳴らして停車を促したのだが、少年は止まらずにパトカーを振り切ろうと原付のスピードを上げた。そして、住宅街の狭い道を走りながら

パトカーの追跡をかわそうとしながらやって来た先にあったのがこのトンネルだった。しかし、側道から直角に入るという……スピードを出していた事で目測を誤って、原付はトンネルの側壁に激突してしまい、少年と彼女はその衝撃で叩きつけられた。一説では少年の身体は天井にぶち当たる程だったともいわれている。2人とも即死だった。悲惨な出来事ではあったが、ハンドル操作のミスという自損による死亡事故として片付けられた。

その後、2人の家族・友人がトンネルの入口に花を供えて弔ったのだが……この頃から、不思議な現象が起きる。天井部分にシミが浮かびだしたのである。ひび割れのように拡がっていく奇妙なシミをトンネルの管理者は上から塗り直しをするが、またその上にシミは浮かんで来る。4回も塗り直しをしたようだが、シミはその度に浮き上がって来て、それらが繋がっていくと、まるでバイクに跨った人間のようにも見えだしたのだ。しかも、バイクの後部に人がいるように。まさに少年とその彼女の姿がトンネルに現れたのである。

噂が噂を呼び、心霊スポットとなってしまった事から人が訪れるようになった。そうなるとトンネル内に漂う何者かは更なる現象を引き起こすようで、トンネルを抜けたところにあるカーブミラーに若い女の姿が映ったという目撃情報が頻発しだしたのだ。その女とはおそらくバイクに乗っていた彼女なのだろう。自分達の悲劇を面白がって見に来る人々をミラー越しに恨めしそうに睨んでいるのかも知れない。または、事故の瞬間を映していたミラーに彼女の念が閉じ込められているのだろうか。それは必ず雨の日にという事なので……事故の日も雨が降っていたのかも知れない。

もしも、ミラー越しの彼女の姿をあなたが見つけてしまった時は絶対に眼を合わせてはいけない。彼女はあなたの身体に乗り移る事でミラーから解き放たれようとしてるのかも知れない。それを受け入れたあなたの人生を彼女が自分のものにして、若くして失ってしまった時間を取り戻そうとするのかも……。

（渡辺裕薫）

西宮市某所　会いたい人に会える部屋

感動体験の真実とは？

《西宮のMマンション三〇一号室には幽霊が出る》

二十代女性手塚さん（仮名）はそんなネットの書き込みに目が留まった。その書き込みはよくある心霊現象に関する噂話ではなかったのである。それは数行に渡って記されていた。

《西宮のＭマンション三〇一号室には幽霊が出る。それは入居者が感謝と愛を伝えることができないままに亡くなってしまった大切な人の霊である。入居者に今も心残りがある場合は彼もしくは彼女が出現するが、それがない者にとってはただのワンルームマンションに過ぎない》

Ｍマンションは手塚さんの今住むマンションからほど近い場所にあり、三〇一号室は空き部屋となっていた。彼女はすぐにそのいわくつき物件に引っ越すことにした。彼女にはもう一度会って感謝を伝えたい人物がいたのである。

入居初日の夜、最低限の荷解きを終えた彼女は付近のファミリーレストランで夕食を済ませた。挨拶は三階の住民全員にした方が良いのかな、お隣さんだけじゃダメなのかな、そんなことを考えながら帰宅し玄関の明かりをつけると、いた。十年前からずっと会いたくてたまらなかった父親がまだ殺風景なリビングに立っていた。顔に深く刻まれた皺とこけた頬は十年という月日以上に失踪後の彼が味わった苦悩を感じさせた。彼はまるで別人かのようにやせ細っていたが、穏やかな笑顔だけは十年前と変わらないような気がした。

手塚さんのお父さんは心優しい人だった。仕事の多忙さゆえ、当時小学生であった手塚さんと過ごした時間は決して多くなかったが、彼が手塚さんに注いだたくさんの愛情は彼女の心に届いていた。

十年前の十一月十八日、その日は父親の誕生日であった。ここ数日いつにも増して忙しそうな父を労おうと、手塚さんは母親とともにご馳走を拵えて彼の帰りを待っていた。しかし、彼が帰ってくることはなかった。彼は消息を絶った。娘がショックを受けないように、その理由が母の口から語られることはなかったが、手塚さんは事情の全てを祖母から聞かされていた。父は騙されてできた借金を一人で背負い、家族に嫌がらせが及ばないように蒸発したのだった。

それから十年間、彼女は父のことを想い続けた。一度でも良いからご馳走を振る舞って感謝を伝えたかった。だから、三〇一号室に父親が現れたとき彼女は嬉しくてたまらなかった。しかし、彼女は一つの事実にも気づいていた。父はもうこの世にいない。目の前の父は心霊なのだから。

それから父子の奇妙な二人暮らしが始まった。朝、娘はせわしなく仕事の支度をする。父はリビングに立っている。娘はコーヒーを二杯淹れ、片方に角砂糖を三つ投入してぼんやりと立つ父の前のテーブルに置く。父は大の甘党であった。娘はブラックコーヒーを飲み干して父に呼びかける。

「じゃあ、仕事行ってくるから。夜には帰るから待っててね」

夜、仕事から帰宅した娘は二人分の夕食を作り、テーブルに並べる。部屋の真ん中に立つ父に合わせて置いた家具はいびつな配置となっていた。返事のない会話をしながら夕食を食べ、食べ終わったあとは自分の食器と手つかずの一人前を片付ける。それが三〇一号室の日常であった。

十年ぶりに再会した父は返事もなく表情も変わらない。それでも手塚さんは父と過ごせる日々が幸せでたまらなかった。父が現れたことを実家の母親に伝えることはしなかった。新居に父の霊がいるなんてあまりにも荒唐無稽な話であったし、なによりも父との永遠の別れが近いことを薄々感づいていたからである。父は日々薄くなっていった。それはそのおぼろげな姿そのものが薄くなったのではなく、オーラ、存在感、あるいは佇まいというべきか、とにかく客観的に観測不可能ななにかが消え始めていたのである。それはすなわち彼の霊としての寿命のようなものを意味していた。

一か月後、遂に父子の同棲は解消された。その日の朝、手塚さんはいつも同じように父に手を振って家を出た。しかし、手塚さんが買い物袋片手に帰宅したときには彼は消えていた。手塚さんはリビングに泣き崩れた。

「ありがとう、無口だったけどいつも笑顔で、たまの休みは必ず遊んでくれて、そして家族を守ってくれて、ありがとう。もう一度会ってくれたこと、本当に嬉しかったよ」

テーブルには冷めたコーヒーがあった。朝よりも少し減っているような気がした。

彼女は今も三〇一号室で一人暮らしをしている。朝、彼女は二杯のコーヒーを淹れる。一杯はブラック、そしてもう一杯はうんと甘ったるいもの。

手塚さんはこの話をしたあと、私に携帯を手渡し、自撮り写真を見せてくれた。

「この写真は父の霊とのツーショットが欲しいと思って撮ったものなんですが、やっぱり父は写真に写らなくてただの自撮りになっちゃいました。幽霊がいても心霊写真が撮れるわけではないんですね」

彼女はそう言って笑ってみせたが、どこか寂しそうであった。突然、私の手が震えた。手塚さんの携帯に着信が入ったようで、画面にはお母さんと表示されていた。携帯を返すと、彼女は母親と通話を始めた。

「それ本当なの。本物なんだよね。分かった今すぐそっち帰るから」

話を切った手塚さんは満面の笑みで私に今の会話の内容を話した。

「十年ぶりに実家にお父さんが帰ってきたみたいなんです。迷惑かけたけど問題は全部解決したからって言ってるみたい。今から会いに行ってきます」

私は両親のもとへ向かう手塚さんを見送った。十年ぶりの再会に心躍ることが背中からも伝わった。しかし、彼女は突然振り向いて怪訝そうな顔で私に言った。

「私は誰と同棲してたんでしょう」

（ＣＯＣＯ）

西宮市某所 中古車買取

売りたい車の悍ましい秘密

小坂さんは中古車の販売、買取を行う会社で店舗営業スタッフとして働いている。

店には車を買いに来る人だけではなく、売りに来る人もいるので、そういった顧客の対応を行うのが主だった業務だ。

ある日のこと、一人の若い女性客が来た。彼女はそわそわとして落ち着かない様子で、対応に出た小坂さんにやや早口で言った。

「この車を売りたいんです。このまま引き取ってください」

彼女が売りたいと言った車は、今自分自身が乗ってきた車だ。日本の有名メーカーの軽自動車で、一般的によく見られるものだった。

彼女はまるで一秒でも早く手放したいといった風なのだが、そう言われても「はい、買い取ります」とはいかない。関係書類を確認し、車の状態も見ないと買い取れるかどうかの判断すら出来ないのだ。

小坂さんがその旨を伝えると、その女性客は車検証などの関係書類を出し、車体を点検することにも同意してくれた。

小坂さんは、女性客には少し待っていただくようにお願いし、すぐに車を整備担当に回して、受け取った書類に目を通し始めた。

そうしてすぐに、小坂さんは疑問を抱いた。書類によると、この車は中古で購入したもののようだが、納車からまだ二週間しか経っていないのだ。さっき見たところ、車体に傷も凹みもないし、外見上は全く問題がなかった。

「すみません、まだ納車されてそれほど日が経っていないようなんですが、どうかされましたか？」

小坂さんが尋ねると、彼女はまた慌てるように言った。

「いえ、あの、乗ってみて何だか違うなって。やっぱり気に入らなかったんです。だからもういいかなって……」

奥歯にものが挟まったような言い方である。

そんなやり取りをしていると、整備担当がやってきた。

「小坂さん、ちょっと……」

彼を呼ぶその顔はどことなく青ざめているようにも見える。

小坂さんが車のところに行ってみると、整備担当が左前輪のところを指差しながら言った。

「これ、見てください」

タイヤが収められている、タイヤハウスと呼ばれる部分、その内側に女の長い髪の毛が束になってベッタリとこびりついていた。その量から言っても相当のものだ。

「これ、何かやっちゃってますね、きっと」

整備担当が震える声で言う。事故や事件に関わった車を買い取ることは出来来ない。

小坂さんは、女性客にもそのタイヤハウスの内側の状態を見てもらうことにした。

呼ばれて車のところにまでやってきた女性客に小坂さんは言った。

「これなんですけど……、何があったんですか？」

「これは……、私にも分かりません……。やっぱり売らないことにします！　すみません！」

周章狼狽した女性はひったくるように関係書類を受け取ると、またあの車に乗って帰って行った。一体、あの車に何があったというのか、それは小坂さんにも判らないままだった。

それからひと月ほど経って、小坂さんはあの時の整備担当者と雑談する機会があった。その際、ふとしたきっかけで話題があの時の女性客の一件になった。整備担当者はあの時と同じように青い顔になり、訥々と小坂さんにこんな話をした。

「それでね小坂さん、こんなこと言うとどうかしてるって思われそうなんやけど、あの時、私ねえ、エンジンを見ようと思って、最初にボンネットを開けたんですよ。そしたらね……」

血塗れの女が入っていたという。手も足も首も、体の各部位の全てをおかしな角度に折り曲げて、まるで狭いエンジンルームに無理やり配置されたかのように、そこに収まっていたのだ。女の姿は次の瞬間には消えていたため、その顔も、年齢も、着ていた服も、よく覚えていない。ただ、その長い髪がエンジンルーム内にある各パーツに絡みつくように四方八方に伸びていたことだけが、くっきりと記憶に残っている。

彼はとても驚いたが、見たのは一瞬だけだったので、見間違いだと自分を納得させて、そのまま作業を続けた。その結果、あの長い髪の束を見付け、小坂さんを呼んだのだ。

小坂さんがこの仕事に就いてから、唯一体験した不気味な出来事である。

（宇津呂鹿太郎）

満池谷墓地

認定スポットにはご用心！

肝試し

知人が若い頃に兵庫県で有名な心霊スポットである満池谷墓地「手振り地蔵（まりをつく少女の像）」に肝試しに男性4人で行ったそうだ。

かなり昔からある関西では有名な心霊スポットで墓地の中にある少女の像のことである。

片手でボール（まり）をもち、もう片手をあげて手を振っているようなポーズのおかっぱ頭の女の子の像は「手振り地蔵」「まりちゃん像」などと呼ばれている。

火垂るの墓の節子がモデルであるという説や交通事故で亡くなった娘を偲んで親が建てたという説があるらしいが定かではないようだ。足元にうさぎが一緒にいることから「うさぎを追いかけて事故にあい死んだ少女である」という話もある。

雨の日にこの少女の像の近くでまりをつく少女の霊の目撃があったり夜中になると満池谷墓地に眠る子供達の霊がこの像の周りに集まり遊んでいるという話もあるのだとか。周辺での目撃は子供の霊の話が多い。

そしてこの像は「まりをつく少女」の像なのに何故「手振り地蔵」と呼ばれているのか。手をあげているポーズも関係しているが、それは深夜になるとこの像が「おいでおいで」と手招きをしたり「バイバイ」をするように手を振っていたりするという噂からきている（ブロンズ像なのに「地蔵」と呼ばれているのは、同じ満池谷墓地の敷地にある石造の手振り地蔵と混同されて地蔵と呼ばれているという話もある。こちらの手振り地蔵は特に怖い話があるわけではないようだ）。

昔から関西の方では有名なスポットなのでこの像にまつわる噂はバリエーションが多いが、深夜にこの像を訪れ「おいでおいで」と手招きをされていたら少女に連れていかれる（事故にあって死ぬ、行方不明になる）が「バイバイ」と手を振られていたら大丈夫というのが定番の話である。

知人もそんな「深夜に手招きされると死ぬ」という話を確かめに夜中の2時頃に満池谷墓地に訪れた。バンドをやっていた仲間うちで男4人、若気の至りということもありお酒と楽器を持ち込んで少女の像の周りで騒いでしまったらしい。知人曰く「自分はただ見ていただけ」だったというが他の3人は結構ふざけていた。お酒が回り途中から少女の像が手招きするか手を振るかなど関係なくなり明け方にそれぞれ帰宅の途についた。

いい年の男性だったので「怖いと思うのはかっこ悪いから必要以上に騒いでしまった」ということらしいが、翌日から知人以外の4人中3人が謎の高熱にうなされた。熱は1週間も続いたらしく病院に行っても特に原因は不明。

同時に3人もいっきに高熱が出たので「まりをつく少女の像」の祟りだと誰もが思ったらしい。そのうち一人は病院から帰る途中事故にあい左脚と肋骨を折る重傷を負った。バンドもその出来事がきっかけで自然に解散のような形になってしまった。

若い頃はいくつか心霊スポットといわれる場所に行ったという知人だが、実際に何かあったのはこの満池谷墓地が初めてだったらしい。この時以来心霊スポットと呼ばれる場所には近づかないようにしているそうだ。

（愛葉るび）

一《ひと》庫《くら》ダム　人喰らいダム
観光地で囁かれる怪奇談

能勢電鉄山下駅で下車し、阪急バスに乗り換えて10分で一庫ダム停留所に到着する。そこから徒歩7分の場所に《一庫ダム》はある。

兵庫県の該当地域への治水と上水道供給を目的として十五年の歳月を費やして1983年に完成した高さ75メートルの重力式コンクリートダムであり、ダム湖百選にも選定された、市民の憩いの場である。

ダム建設によってできた湖は《知明湖《ちみょうこ》》と名付けられているが、これは付近にある知明山という山に由来する。因みに知明山は『奇妙山』が訛って呼ばれたといわれ、以前は銀・銅を産出する鉱山があった。昔の人は貴重な金属がゴロゴロと出てくる山に驚いてそう呼んでいたのだろう。

そんな《一庫ダム》には日夜、怪現象が目撃されているようだ。

　ダム湖の畔はバス釣りのスポットとして有名で、休日にもなるとたくさんの釣り客が訪れるのだが……人がいない平日の昼間にゆっくりと釣りを楽しもうと訪れた人が、湖面に不気味に浮かぶ生首と対面している。それはこちらを睨みながら湖面を滑るように向かって来て、ふっと消えたという。この現象は複数の目撃談があるため、かなりの頻度で起きているものと思われる。しかも、生首は男性であったり、女性であったり、人物的にも複数であるようだ。

というのも、このダム湖は施工してから40年足らずでたくさんの飛び込み自殺が発生してるといわれていて、或る者は《一庫ダム》をもじって《ひとくらいダム》、つまり『人を喰らうダム』と呼んでおり、心霊マニアの間では通称化しているようだ。

　その名の通り、ダム湖で亡くなった人々の霊が湖面に現れては気持ちを鎮めてくれる供養を求めているのかも知れない。

　そして、夜になると……ダム湖の周辺を徘徊する人の姿が目撃されている。これも男性であったり女性であったりで一定しておらず、いずれも突然消えてしまうようだ。ドライブデートで訪れたカップルの目撃談が後を絶たないというから、男女関係のもつれから死に至った者達が幸せな男女を恨めしく思って現れるのだろうか。

　また、ダム湖沿いの道を山の方へと進んで行くと…隧道跡のような洞窟があり、中を歩いて行くとその先が湖に沈んでいる。このあたりはかつて村が存在したのだが、ダム建設にあたり廃村になったといわれており、村はダム湖の下に眠っているという事になる。もちろん村民は全て立ち退いているのだが、人々が幸せに暮らしていた日常の残留思念は今も存在しているのだろう。この隧道の入り口あたりから若い女性が中に入って行く姿が目撃されており、そのまま姿は消えてしまうようだ。

　筆者は平日昼間から現地を歩いて見たが、ダム湖の畔はもちろん、周辺の道ですれ違う人は皆無で、近くの主要道から逸れて来たクルマがたまに通るだけであった。

　昼だけで無く、夜も人を別の意味で惹きつけてしまうこの雰囲気こそが、まさに《人喰らいダム》というに値する。

　もしもこの場所に足を踏み入れても、くれぐれも引き込まれないように御用心を。


（渡辺裕薫）

舞台

宝塚歌劇と宝塚大橋

聖地で起こる奇怪な悲話

阪急電車の宝塚駅を下車すると、そこは他の私鉄の駅とは一線を画するどこか優雅な雰囲気の仕様になっている。それは、あの【宝塚歌劇】のホームグランドである【宝塚大劇場】の最寄駅だから。しかも、駅に隣接というより、小道を少し歩いていくその道中にもショップや歌劇に関係するモニュメントがあって、観劇に向かう気分を高めてくれる。観劇をせずに散策で歩くにしても【タカラヅカ】のある街並みは素敵なのだ。

まさに夢の場所という感じの大劇場を有する【宝塚歌劇団】は1914年に初の公演を行って以来、未婚の女性だけで構成された花《はな》・月《つき》・雪《ゆき》・星《ほし》・宙《そら》の5組と、いずれの組にも所属しない専科によって構成された歌劇団である。現在は兵庫県宝塚市にある【宝塚大劇場】と、東京都千代田区有楽町にある【東京宝塚劇場】、同じ宝塚市に中劇場の【宝塚バウホール】を所有し、連日盛況である事は【ヅカファン】といわれる熱心なお客さんで無くてもよく知られている。

そんなタカラヅカの舞台に上がる夢を抱いた若い女性達は厳しい試験を受けて【宝塚音楽学校】の門を叩き、無事に卒業してから【タカラジェンヌ】として初舞台を踏むのである。そうして次々に新しい団員が誕生し、当然ながら、退団していく者も一定数いる。脈々と歴史が繋がってきたのだが……そんな【宝塚大劇場】には『ステージで踊っている団員が一人多い』という現象が起きているのを、様々なタカラジェンヌ自身が目撃をしているという。現在の【宝塚大劇場】は二代目であるが初代の頃の1958年4月1日の公演中に、舞台のセリという上がったり下がったりする部分のワイヤーに絡まれて【香月弘美】という当時21歳のタカラジェンヌが身体を切断されて亡くなるという事故が起きている。5月20日に宝塚音楽学校の校庭に慰霊碑が建立され供養されたが、学校移転にともない現在の音楽学校の駐車場内に安置されている。事故後の毎年4月1日にはセリの下に団員による献花が行われていたが新劇場に建て替えられたのを機に行われていないようだ。

公演中にステージで一人多い出演者とは、この事故に遭った被害者なのだろうか。彼女は供養される事よりも、現役のタカラジェンヌとともに踊ることを望んでいるのかもしれない。観客の中に霊感のある人がいたら、彼女の存在をステージに感じるといわれている。

また、大劇場の近くに流れる武庫川に架かる宝塚大橋には贔屓のタカラジェンヌを応援していた少女の幽霊が立っていて、橋を通るヅカファンに「○○さんは出演してますか?」と訊ねてくるといわれている。昭和50年頃、ヅカファンだった少女は遠方から年に一度、大劇場を訪れるのを楽しみにしていたが……地元での水難事故で亡くなってしまい、それからというもの橋に現れるようになったようだ。命を落とすに至った水を伝って武庫川に繋がり宝塚までやって来たのだと考えると切ない。

（渡辺裕薫）

伊丹市某所
「何か」の仕業に違いない

お神酒

私は職業柄、様々な怪談イベントを開催している。語り部が語る怪談をお客さんに聞いてもらう怪談ライブや、参加者が順番に怪談を語っていく怪談会、お化け屋敷や肝試し大会をプロデュースすることもある。

これは、そんな私が令和元年に開催したイベントで起きた怪異についてである。その年の11月末、私は伊丹市内にある、とある空き家でオールナイトの怪談会を行うことにした。この二階建ての一軒家は十数年間住む者もなく、家主も滅多に近付かない。なぜなら、とにかく気味が悪いからだという。

元々ここには家主の藤井さんが家族と共に暮らしていたのだが、その当時から奇妙なことが色々とあったのだそうだ。誰もいないのに階段を上り下りする音がしたり、一階にいるとやはり誰もいない二階を人が歩く足音が響いてきたり。或いは、何かを見た訳でも、聞こえた訳でもないにも関わらず、理由の解らない恐怖に苛まれ、家の中にいられなくなるということもしょっちゅうあったというのだ。

特に気味の悪い部屋は、一階にある仏間と、二階、階段を上がって左側奥の和室である。特に二階奥の和室は得体の知れない恐怖に襲われることが多く、そのあまりの怖さに家から飛び出すといったことが何度となくあったらしい。

それもあり、結局藤井さん一家は他の家に引っ越した。ただ一人、お婆ちゃんだけがそこに住み続けたものの、その数年後には亡くなり、住む者は誰もいなくなった。そうしてお婆ちゃんが住んでいた時のままの状態で放置され、現在に至るというのである。

そんな話を聞いた私は、藤井さんご一家からの許可を得た上で、その家を一晩お借りし、十名の参加者を募って怪談会を催した。結果、様々な怪異が起きることになる。

まず一階の仏間に集い、順番に怪談を語った十九時から深夜零時までの間に、参加者の何人かが、台所の方から、箸で茶碗をリズミカルに叩くような音を聞いている。二階奥の和室に場所を移した零時から翌明け方までには、参加者のうち一名が体調不良を訴えて帰宅。また、壁の向こう、階段のある方から微かな女の笑い声を私は聞いた。

そして何より不可解だった出来事がある。このイベントの開催前、私はいつもお世話になっているKさんからお酒をいただいた。この家の中を写した写真に不穏な空気を感じた彼が、私の身を案じて、わざわざとある酒造所に赴き、そこでお神酒用に作られた清酒を買ってきてくれたのだ。そのお酒は毎年一定期間しか製造、販売されない貴重なもので、たまたまその時期に当たっていたらしい。まるで水のようにまろやかで、大変に美味しく、私のようなお酒が苦手な者であっても、すっと喉に入っていく、とても飲みやすいお酒だという。加えてお神酒として作られたものなので、周囲の邪気を取り払い、清浄な空気で包んでくれるはず、小さなコップに入れて会場となる部屋の四隅に置くように、と彼は言った。

そのような高価なお酒をいただいたのだ。その気遣いに感謝し、私は当日、彼の言う通りにしようと、会場となる空き家にそのお酒を持ち込んだ。

ところが、廃屋にも等しい現場のこと、事前に掃除をしていたとはいえ、お客さんを迎える準備に予想以上に時間を取られてしまい、お酒を設置することまで手が回らなかった。私はお酒を開封することもなく、鞄に入れたまま、荷物置き場として使っていた二階の一室に置きっぱなしにしてしまったのだ。

そうして一夜が明けた。イベントは無事に終了、私は尼崎市にある自宅へと帰った。

その夜のこと、せっかくいただいたのだからと、私はそのお酒を飲んでみることにした。コップに入れて、口に含む。その瞬間、苦味と渋みがない交ぜになった、これまで味わったことのない猛烈な不味さが口の中に広がり、同時に異臭が鼻を衝いた。とても飲めたものではない。思わずコップの中に吐き出してしまったほどだ。家の者にも飲んでもらったが、やはり同意見だった。Kさんの説明とは大違いである。11月末の肌寒い夜とはいえ、一晩鞄に入れて放置していたから変質してしまったのだろう。Kさんには大変に申し訳ないことをした。そう私は思った。

翌晩、私はもう一度そのお酒を飲むことにした。せっかくKさんが買ってきてくれたものである。少しずつでもいいから飲もうと思ったのだ。前の晩と同じように、私はコップに少しだけお酒を入れて、あの凶悪な不快感に身構えしつつ口に含んだ。すると、これが全く違っていた。さわやかな日本酒の味と香りが口の中に広がり、すっと喉を通っていく。ほんのりと体が温かくなる。もう一口飲んだ。やはり同じである。あの不味さはどこへやら、Kさんの説明通り、清純な水のように、それは自然に喉を通り、体全身へと回っていく。私はそれだけでとても気持ち良くなり、心地よい眠気に捉われていった。一晩冷蔵庫に閉まっておいたのが良かったのか。後日、私はKさんにそのことを伝えた。すると彼は言った。

「宇津呂さん、あれは清酒なんです。一度変質して不味くなった清酒が元に戻るなんてこと絶対にあり得ないんですよ。長年バーテンダーをやってきた私が言うんですから、間違いありません」

あの夜、私が味わった、ヘドロのような狂暴なあの不味さは、一体何だったのだろうか?

（宇津呂鹿太郎）

鷲林寺弁天池

深夜の弁天池に佇むものは

牛女

怪談会で、西宮に住むYさんから聞いた話。

「西宮市内に、牛女が現れるって噂の弁天池があるんです。夜更けに池に行くとね、長い黒髪を靡かせた牛女が水を飲んでいるとか、牛の蹄の音が聞こえるとか、牛女が池の縁で帯を畳んでいる姿を見るとか言われています。

昼間に石を池に投げ込んで、その翌日の丑三つ時に弁天池に来ると頭だけが牛の着物姿の女性が背後に立つとか、追われるって話もありますね。

この牛女、実は織田信長の命令に逆らった戦国大名の娘だと言われています。

理由は、織田信長が見せしめの為に逆らった大名本人でなく、娘の髪に火を付けて池に投げ込んだとか、近くの寺で尼として過ごしている娘がいることを知って、寺に放火して蒸し焼きにしてその悲鳴が牛のようだったとか、牛に曳かせて、池の中に娘を引きずり込んで、溺れ死にさせたとか、いろんな説があるんですが、その姿を見て、哀れんだ弁天様が、牛女として蘇らせたとかで、でも顔は焼けただれていたから元に戻せなくて牛にしたとか、弁天様は姫が余りにも美しかったから顔だけ牛にして蘇らせたって話もあるらしいんです。

わたし、牛女の話をいろいろ聞いて気になってしょうがなくなったから、弁天池に夜の丑三つ時に一人でバイクで行ったんです。

そしたら、モォ〜って牛の声聞いたんです。本当の本当にハッキリと。

周りに牛なんて飼ってる家は一軒も無いのにですよ。

でも、考えてみたら可哀そうですよね。池に一人で牛の顔になって、お姫様がいるなんて。

声も牛だったってことは、話したくても喋れないのかも知れないし。

生まれつきお化けじゃなくって、人間やったのにお化けになってしまうのってどんな気持ちなのかな。西宮って件っていう、予言をする人の顔した牛の伝説もあるらしいし、何か牛に纏わる不思議な話が昔から多いらしいんですよね」

後日、Yさんと一緒に夜でなく昼間だったが噂の池の近くまで行ってみた。

憩いの場といった感じの静かな所で、怪奇現象に残念ながら巡りあうことは出来なかったが、何名かに聞き取りを行ったところ女性が夜に一人で行って、弁天池に顔を映すと牛の顔になって見えることがあるという話を聞くことができた。

（田辺青蛙）

■明石市

魚住町の池

天平年間に高僧行基が亡くなった人を弔うために造ったといわれる池で、中に四列の堤状になった島があり、そこで野辺送りをしていたといわれる。地元では大三昧（大きな墓の意）と呼ばれ、「この池に足を踏み入れると祟りがある」「島の木は切ってはいけない」という言い伝えが残っており、近づいてはいけない特別な場所だったようだ天正八年（1580）には織田信長の命で羽柴秀吉が数百人を処刑し、付近の長坂寺や香盤池付近に埋葬したという話もある。後年多くの人骨と共に六文銭が出土し、以後村に不幸が続いたことから「六文首塚」と呼んで誰も近づかなくなったという。祟りが起こるといわれる所以かもしれない。昭和四〇年代に明姫幹線を建設するにあたり、ルート上どうしても香盤池と関わらざるを得なくなってしまった。祟りを恐れた地元の人々から大反対を受けたが、盛大な神事で慰霊を行い、着工したという。しかし道路開通後も不審な事故が相次いだため、御祓いが行われたという。現在でもこの付近や交差点で交通事故が多く、霊なども目撃されているという噂。

■尼崎市

南武庫之荘の三途の川の踏切

ＪＲ東海道線が武庫川にかかる鉄橋の東の土手の上の踏切。飛び込みが非常に多く自殺の名所といわれている。三途の川の踏切という異名は、あまりの自殺の多さ故『霊がこの世の人間をあの世に誘い込んでいるのではないか？』いう噂に依るらしい。踏切付近で黒い人影を見たという情報がある。三途の川を渡り切れなかった魂が道連れを探しているのだろうか。

■神戸市

北区のメリーさんの館

六甲山にあるといわれている廃屋。朽ち果てた洋館で、羊のはく製（首）が飾ってあったのでメリーさん（羊→メリーさんの羊の連想か）の館と呼ばれるようになったようだ。しかしその界隈は廃屋が多く、どれがメリーさんの館なのか明確な情報はないようだ。運よくメリーさんの館にたどり着けたとしてもその後三日三晩高熱にうなされてしまうらしい。三輪車で遊ぶ男の子の霊や人の顔をした樹木があるという噂もある。

兵庫区の天《てん》王《のう》谷《だに》奥《おく》東《ひがし》服《ふく》山《やま》

有馬街道の旧道から坂を登った急傾斜地崩壊危険区域にある廃墟集落。噂によると廃墟群の裏山は自殺が多く、そのため「首吊り山」と呼ばれているという。また集落の中には古い祠が残されていて、その祠の横の木でも首吊り自殺があったとか。自殺者の霊が廃墟の中を徘徊しているという噂があり、地元の人は足を踏み入れないそうだ。

兵庫区の七三峠のトンネル

七三峠にある有名な心霊スポット。異様な冷気、空気がずしりと重く、澱んで等、訪れると独特な雰囲気を感じるようだ。女性の霊に会った、車の窓ガラスが割れていた、車のエンジンがかからなくなった、誰かに腕を強くつかまれた、など気味の悪い噂が多く囁かれている。

北区の神戸シェリー六甲

神戸市北区、県道95号線沿いのラブホテル廃墟。1970年代に開業し、2009年頃まで営業していたらしい。ホテルのある県道と、続く裏六甲ドライブウェイは昔からローリング族などによる事故が多く、首のないライダーの霊が自分の首を探し求めて徘徊するという恐ろしい噂がある。廃ホテルは不幸な事故で亡くなった霊たちのたまり場になっているので、行けば怪奇現象が起こるという。地元では有名な心霊スポットである。

■宝塚市

弁天池

寺社の敷地内にある小さな池。戦国時代、織田信長と敵対関係にあった武将の娘がこの寺に匿われていたが、それを知った信長の兵は寺に火を放った。炎に焼かれた娘は弁天池に飛び込んだが既に手遅れの状態で、娘は恨みを持ったまま亡くなったとか。焼き討ち後、廃墟となった寺の弁天池に娘の幽霊が現れて人々を怖がらせるので、寺の釣鐘を沈めて霊を封印したという伝承もあるようだ。嘗ては「牛女」との関わりも噂されたが、これはテレビのバラエティ番組が煽ったもので、面白半分で押しかける人々によって寺が大きな被害、負担を被る形となった。時間をかけて噂は払拭されたようだが、なお慎重な行動が求められる。

■西宮市

奥畑の火《ほ》垂《た》るの墓少女像

満地谷墓地に建つ少女のブロンズ像。小説『火垂るの墓』の題材となった実在の少女の供養の為に立てた像だという。右手を上に挙げ、左手でボールを抱え、足元にはウサギが寄り添った姿。深夜墓地の前に女の子の幽霊が座っていたという目撃証言や、目を合わせたら家の近くまで着いてくるという噂がある。他にも、少女像の足元のウサギの耳を蹴って壊してしまった少年が翌日交通事故に遭い、足を切断することになってしまった、という怖いエピソードも伝わっている。

県道82号線にある祟りの岩

県道上に突然現れる巨大な岩。「夫婦岩」「おめこ岩」などと呼ばれるこの岩、道のど真ん中にあるため、昔から何度か撤去工事が行われてきたようだが、工事を請け負った工事関係者から次々死者が出たため、動かすと祟りがあるという噂が立ち、今では工事をして岩を動かすことは諦めるようになったそう。直線で対向車も先行者もおらず危険運転もしていないのに岩に近づくごとにアラーム音が激しく鳴り出し、岩を通過した途端ピタリと止んだ、霧の多い深夜や雨の降る時に岩の「割れ目」を見ると割れ目から女の生首が睨んでいたり、無数の手が伸びてくる……など、気味の悪い噂が多く囁かれている。

甲山

六甲山系の最東端の山。キャンプ場や植物園、ハイキングコースがあり手軽なレジャー地区として賑わっているが、いわくつきの土地として有名である。その理由は、殺人事件、自殺、猟奇殺人、多くの方が亡くなった地滑り等、人の死にかかわる悲惨な事件事故が集中して発生するためらしい。

甲山町の五ケ池のお化けトイレ

嘗てはピクニックセンターというキャンプ場があり、多くのレジャー客でにぎわっていた場所だが、トイレに行こうとした女性がトイレで惨殺されるという凄惨な事件が起こっている。自殺や溺死、死体遺棄などの事件事故も多く、そのため嘗てはトイレ周辺のごみ捨て場に『ワタシをここに捨てないで アナタと一緒に帰りたい』と書かれていたとか。現在もトイレには自殺の相談窓口の番号が掲示され、常夜灯や監視カメラが設置されているという。いないはずの赤ん坊の泣き声が聞こえた、子どもの霊が追いかけてくる、等々の怖い噂が多く囁かれ続けている。亡くなった方々の無念な思いが今なおこの場所をさまよい続けているのかもしれない。

甲山町の甲山事件

一九七〇年代、甲山にあった知的障碍者施設内で当時12歳だった男女が行方不明となり、施設内の浄化槽で溺死体となって発見されたという事件。施設の関係者が起訴されるも事件発生から25年を経て全員の無罪が確定したが、不明な点が多いまま事件は闇の中へ。真犯人を知っている亡くなった園児たちが、甲山周辺のトイレや池などに現れて生きている人間に訴えてかけているのだとか…。施設は閉鎖され、跡地は現在病院となっている。

樋之池町の「手っちゃん」

夏の夕暮れ時だけに現れる「手」だけの幽霊。ドアの影、木の陰から子供の手で「おいで、おいで」をしてきて、徐々に池の方に招き寄せられる。池の前のトイレの中から手がでて「おいで、おいで」され、なおもそれに付いていくと、個室から無数の子どもの手が襲ってくるのだとか。夏休みに樋の池プールに行く途中、交通事故で死んだ子供がいて、その手だけがまだ見つかっていないという噂がある。また昔から非常に寂しい場所で、子どもが行方不明になることもあったとか。手っちゃんの噂と関係があるのだろうか。

■姫路市

香寺町のトンネル

大正時代に建設されたレンガ造りのトンネルで、文化財にも指定されている。しかしその一方、非常に危険な心霊スポットとして有名である。トンネル内走行中に突然エンジンが止まる、奇妙な物音や囁き声が聞こえる、顔の焼け爛れた女性の幽霊が現れる、フロントガラスに手形が付いた……等様々な怪異現象の噂がある。

香寺町の暮坂峠

山間部のひっそりとした静かな峠だが、これまでに二度死体遺棄事件があった（三度という説もある）。一つは、1980年代。女性の死体が遺棄され、白骨化した状態で発見された。以来この峠には、赤い服を着た顔半分が白骨化した女性の霊が現れ、行き交う車を眺めているという噂が立った。顔半分が白骨化した外国人の女性で、犬を連れていたという説もある。二つめは、2000年代。無職の夫が妻の連子を虐待の末殺害し、遺体を峠の山中に遺棄したというもので、当時世間を大いに騒がせた。遺棄の際夫は、遺体の身元がばれない様に石を投げ落として頭部を潰すという非道を行っていたとか。バイクで峠を走行中に、目の前に顔が現れたという心霊体験も報告されているが、この事件と関連があるのかどうかは分からないようだ。なお近くには心霊スポットとして有名な相坂トンネルがある。

青山の赤屋根ステーキハウス

住宅街にある飲食店の廃墟。1970年代から2000年頃まで営業していたらしい。地元では心霊スポットといわれている。近くには黒田官兵衛が龍野城主の赤松《あかまつ》政秀《まさひで》の大軍を破り初陣を飾ったとされる戦国時代の古戦場跡がある。霊が出るという噂は、多くの死者が出たであろう戦の舞台と関係があるのかもしれない。

■三木市

志染町三津田つくはら湖のDダム

1989年竣工のコンクリートダム。地元では有名な心霊スポットらしい。自殺した人やバス釣りで溺死した人の遺体が湖底に沈んでいるという噂があり、それと関係してかダム湖周辺とダム湖の南にある衝原トンネルでは、白い人影や女性の幽霊を見たという目撃情報がある。なおこのダムの下にはかつての集落が沈んでいる。ダム建設の際近くに移築され水没を免れた「箱木千年家」と呼ばれる家屋は室町時代のもので、わが国現存最古の民家ではないかともいわれている。かなり古い集落だったようだ。

■三田市

末にあるダムの橋

水に落ちたリカちゃん人形を拾おうと手を伸ばして水に落ち、行方不明になってしまった少女が霊となって現れ、夜釣りの人に声をかけるとか。「あたしのリカちゃん知らない?」と背後から声をかけ、無視したり振り向こうとすると、釣り人を湖に突き落とすそうだ。時々首のないリカちゃん人形が岸辺に打ち上げられ、夜釣り客が知らずに足で人形を踏んだりすると背後から霊が出てくるという噂もある。ちなみに橋のたもとには青野ダムで行方不明になったり死んでしまった子の霊を慰めるための地蔵が立っているという。

■川辺郡

猪名川町のダム

ブラックバス釣りのポイントとして有名な場所だが、事故や自殺で命を落とす人が多いことから「人喰いダム」という異名を持つ。釣り客の幽霊の目撃証言が数多く出ているようだ。若い女性の幽霊で、美しいが生首状態で目撃されることが多いらしい。その他夜中ダムの近くを運転していたら急に女の人の幽霊が後部座席に現れた、雨の日になるとハイヒールを履いた女性の霊が現れる、近くにあるトンネル内でも不意に女性の声がした……等、怖い噂が多いようだ。

奈良県の怖い街

奈良県の怖い噂

奈良市某所　踏切

あの時、友に何があったのか?

心霊やオカルトの類は伝聞によって広がっていくため、いつの間にか脚色されたりあるいは全く異なる内容にすり替わってしまったりすることも多い。これは奈良市に住む三十代男性竹中さん（仮名）が中学二年生のときに体験した奇妙な出来事である。

中学時代、竹中さんはバレーボール部に所属していた。体育館での練習は外が暗くなっても可能であるため、毎日の練習は長時間に及び、帰路につく頃にはすっかり日が落ちていることが多かった。彼はいつも、クラスも部活も同じだった山下さん（仮名）とともに帰っていた。

それは九月に起こった。真夏のような暑さが続き体育館は蒸し風呂状態が続くものの、日暮れが少し早くなったことが秋の訪れを僅かに感じさせる、そんな日であった。

汗に濡れたタオルを首にかけた二人が正門を出たときには午後七時をとうに過ぎていた。人通りのない田舎道を月明かりと街灯の頼りない明かりが照らしていた。腹をすかせた彼らは家族と夕飯の待つ自宅に急いだ。由緒あるらしい寺院の苔むした石階段を横切って進むと先に踏切が現れた。この踏切を左に曲がると山下さんの家、踏切を渡ってしばらく歩くと竹中さんの家がある。彼らは毎日この踏切で別れ、それぞれの自宅へと帰っていた。

この日もいつもの場所でお別れし、踏切を渡ろうとする竹中さんに山下さんがにやけながら言った。

「昨日お前と別れたあと何の気なしに踏切の向こう見てたら、お前をじっと睨みつける赤いコートの女がおったで」

竹中さんは背筋が寒くなったが、山下さんのにやけ面を見て、そんな冗談に騙されるわけがないと軽くあしらった。そして、勇敢な姿を彼に見せつけるように堂々とした足取りで踏切を渡った。

しかし、踏切の先には確かにいた。赤いコートを着た小柄な女が竹中さんをじっと見ていた。人の気配もない夜の線路沿いに立つ派手なコートの女は竹中さんに畏怖の念を抱かせた。彼は自宅まで走って帰ってしまおうかと考えたが、踏切の先で山下さんが笑いながらこちらを見ていることに気づき、あたかも一切怯えていないかのごとく闊歩して帰った。

翌日、二人は厳しい練習を終え、いつもと同じように帰り道を歩いていた。

「昨日、踏切のとこで俺のことにやけながら見てたやろ。俺の堂々とした姿見たか。お前の言ってた赤い服の女おったけど全く恐くなかったわ」

竹中さんが自慢げにそう言うと、山下さんは首をかしげながら言った。

「俺が言うたのは白いハットを被った女やろ。昨日もお前の真横で揺れてたし。赤い服の女ってなんやねん」

竹中さんは確かに赤いコートの女と聞いたし実際にそれを見たと言い、山下さんはそんな話はしていないし見てもいない、見たのは白いハットの女だと言う。話は平行線を辿るなか、二人は踏切に到着した。竹中さんは赤いコートの女を求めて踏切を渡り、山下さんは白いハットの女を探しながらその姿を見ていた。

竹中さんが踏切を渡り終えると、右から人の気配を感じた。恐る恐る気配のするほうへ振り向くと白いハットを被った女が立っていた。その身長は竹中さんよりも高く、女は竹中さんを見下ろしながら左右に揺れていた。昨日見たものとは全く異なる、その得体の知れない姿に竹中さんは背筋が凍った。踏切の先を見れば、山下さんがにやけながらこちらを見ていた。

翌日、いつも通りの帰り道で竹中さんは口を開いた。

「昨日、確かに踏切の先に白いハットの女おったけど全く恐くなかったよ。それよりも、踏切渡ったあと俺を睨んでた赤いコートの女ってほんまに見てないん」

山下さんは怪訝そうに応えた。

「ずっとなんの話をしてるん。白いハットとか赤いコートとか話したことないし。そもそも、めっちゃ腹減ってんのにお前が踏切渡るのなんか見届けるわけないやろ。踏切の先なんか見ずにすぐ家に帰ってるわ」

いら立つ山下さんに返す言葉も見つからず、竹中さんは無言で歩き続けた。その後お互いに口を開かないまま、二人は踏切についた。どこか気まずい空気のまま別れて、竹中さんは踏切を渡った。先ほどまで山下さんがいた左側から人の気配がした。意を決して振り向くと、その気配の正体は山下さんだった。

「なんしてんのお前。お腹すいてるからはよ帰るんちゃうんかい。さっきの話なんやってん。もしかして、昨日のも一昨日のも俺を恐がらせるための嘘ってことか」

竹中さんは無表情の山下さんに話しかけたが、返事が返ってくることはなかった。

「俺帰るからな。お化けのふりしても全然恐くないで、残念やったな」

竹中さんは話しかけている相手が本当の山下さんではないことに気づいていた。踏切を渡る最中、来た道のほうに振り返って、山下さんが自宅に急ぐ姿を見ていたのだ。すべてを山下さんの悪巧みとして片づけたのは目の前の不条理な現実にもっともらしい理由をつけるためだったのである。しばらく自宅に向かって歩いてから再び踏切のほうを見ると彼は未だぽつんと立っていた。その姿はどこか寂しげであった。

「山下は翌日から学校に来なくなりました。急に自室に引きこもったそうです。元々社交的なやつというわけではなかったのですが、学業も部活動も真面目に取り組んでいて、なんかに悩んでいる様子も見られなかったので教師も不思議がっていました。部活動の顧問とクラスの担任に頼まれて、あいつの家に行って励まそうとしたこともありましたが、あいつのお母さんも普通に日々を過ごしていたはずの息子の変貌に憔悴しきった様子で家に上がるのさえ断られました。中学校を卒業するまで遂に山下の顔を見ることはなく、どうしているのかもわからないまま現在に至ります。日々内容を変える山下の心霊情報の真相もわからずじまいです」

山下さんの言うままに現れた心霊現象はなんだったのだろうか。そして、山下さんはなぜ自身の発言を忘れ、突然引きこもったのか。山下さんらしきものの正体はなんだったのだろうか。今となってはその真相はわからない。

（COCO）

桜井市某所
ナゾ深き深夜の訪問者

友人の部屋

石田さんが二十二歳の頃、ということなので五年ほど前の話である。

友だちが仕事の都合で奈良県の桜井市に引っ越すことになり、石田さんともう一人の友人である勝山さんとで、その引っ越しを手伝うことになった。

そこは山に囲まれた何もない静かなところだ。家は安いボロアパート、二階建ての階段を上がった正面にある二〇三号室だった。

若い男の一人暮らしである。荷物はそう多くはない。三人で荷物を運びこみ、その日のうちに全て解いて、日が暮れる頃には室内の全てが整った。後は引っ越し祝いだとばかりに買ってきたお酒を三人で飲み、夜十時頃には三人ともベロベロになって、そのまま畳に横になって寝た。

ふと、外の鉄階段を上がってくるカンカンという足音に目が覚めた。時計を見ると午前二時過ぎ。同じ並びの部屋の住人が帰ってきたのだろうと、気にせずにまた横になったのだが、階段を上りきると、その足音は彼らがいる部屋の前で止まった。おやと思って玄関の方を眺めていると、ガチャッという音をさせて扉が開いた。そこには無精髭を生やした全く知らない中年の男が立っている。その男は土足のまま室内に入ってきた。石田さんは慌てて飛び起きた。その瞬間に目が覚めた。夢だったのだ。ほっとして横を見ると、隣では勝山さんも青い顔をして起き上がっている。

「どうした？」

勝山さんが聞いてくる。

「凄く怖い夢を見た。変な男が入ってくる夢……」

そう答えると、勝山さんは驚いて言った。

「俺もそうや」

話を詳しく聞いてみると、どうやら二人は同時に同じ夢を見て、同時に飛び起きたようだ。時計を見ると、午前一時五十分。夢で男が入ってきたのは二時過ぎ。もうすぐだ。二人はまさかとは思いつつも、玄関を確認しに行った。扉に鍵は掛かっていなかった。引っ越しの荷物を運びこんだ時のまま、鍵を掛け忘れていたらしい。外を確認するが、誰の姿もない。

二人は扉を閉め、施錠した上にドアチェーンも掛けて、再び部屋に戻った。

やがて二時になった。何となく二人が床に座って時計を眺めていると、外の静寂の向こうから誰かの足音が近づいてくることに気が付いた。その何者かはゆっくりと歩いてきて、アパートの鉄階段をカンカンと音をさせて上がってきた。そして、上まで上りきると、彼らがいる部屋の扉の前で立ち止まった。何の音もしない。部屋に住む友人は寝たままだ。気になった二人はそっと立ち上がって、玄関に行ってみた。やはり扉の向こうからは何の物音もしない。扉にはドアスコープが付いていなかったので、そっと耳を扉に近づけてみた。

その瞬間にガチャガチャガチャとドアノブが乱暴に回された。驚いて二人同時に後ろに飛びのく。誰かが無理やりに外から扉を開けようとしたのだ。固唾を飲んでその光景を見ている二人、すると今度は鍵を鍵穴に差し込む音が聞こえた。と思う間もなく次の瞬間、カチャリと鍵が開く音がした。驚く二人。まだ夢を見ているのかと疑うが、明らかにこれは現実だ。再びノブが回され、扉が開いた。二人は思わず呻き声を上げながら更に後退ったが、扉はほんの僅かに開いたところで、ドアチェーンがガッチリと開こうとする扉を食い止めた。

「夢と違うなあ」

僅かに開いた扉の隙間から、野太い男の声がした。続いて舌打ちが聞こえ、扉はバタンと音を立てて閉められた。再びカチャリと外から鍵を掛ける音。それが最後だった。その後は、一切の物音が消え、再び夜の静寂が辺りを満たした。去っていく足音も聞こえなかった。

眠ることもなく朝を迎えた二人は、明るくなるとすぐに帰った。もちろんその部屋に住む友人にもその出来事を話した上で、すぐに玄関扉の鍵を変えるように進言した。

その後も、その友人とは連絡を取り合い、何かおかしなことがないかの確認を常にしたが、彼がその部屋に住んでいた間は、特に変わったことは何もなかったとのことである。

（宇津呂鹿太郎）

生駒市某所
高次の存在からのメッセージ？
来迎図

奈良と聞くと、鹿と歴史的建造物、古い町並みを思い浮かべる方が多いだろう。

奈良市内には多くの観光名所があり、年間を通じて多彩なイベントが開催され、宿泊施設も多い。ならまちにはレトロな町並みの中におしゃれなお店がたくさん並んでいて、女性に人気だ。

奈良県はというと、三重県、和歌山県、京都府、大阪府に囲まれている。とりわけ大阪府とは私が住む枚方市の東で接しているので、奈良県の一方が伊賀に、別の一方が熊野に近いと聞くと、とんでもなく大きい県だとイメージしていた。だが、調べてみると日本で八番目に狭い県らしい。近いから知っているようでいて、何も知らないなぁと改めて思う。

神武の東征から壬申の乱、蘇我・物部の争いに古代王権の覇権争いなど、その歴史を思うと、多くの屍が埋もれ、怨念が渦巻く地であることは間違いない。

そのせいか心霊スポットも多く、多くの心霊系サイトや動画で取り上げられている。奈良に関して、これまで古代史や遺跡の情報を検索することはあったが、心霊スポットの情報を検索したことがなかったので、「まさかここが」と驚いた。

一番びっくりしたのは二上山に鎮座する二上神社である。バラバラ殺人事件の舞台になったという噂なのだが、どうも検索が下手なのか、肝心の事件がヒットしない。「大阪連続バラバラ殺人事件」なら、遺体の一部が奈良県内で見つかっているが、二上神社周辺ではない。里宮がある加茂神社だという説もあるが、その加茂神社が見つからない。高鴨神社のことだろうか。丑の刻参りが行われているかどうかは不明だが、「今なお『お百度参り』ができる神社」と書かれているのは不思議である。お百度参りはどこの神社仏閣でもできる。百度参ればいいのだ。うちの近くの神社にもお百度石がある。もし二上神社に行くなら、事前にぜひ『死者の書』(折口信夫)を一読されることをお勧めする。

奈良県と大阪府の間には、生駒山系が南北三十キロ、東西五キロにわたって連なっている。生駒山(六四二メートル)は霊山であり、その麓も含め一大霊場である。神武天皇が東征前に祀らせたという枚岡神社。でんぼ(おでき)の神様、石切劒箭神社(通称石切さん)。辻占で有名な瓢箪山稲荷神社などなど——。寺院も多いし、新興宗教の教会?もある。何より占いが盛んであったり、拝み屋さんがいたりするのは、神の声や死者の声が聞こえやすい「場」なのかもしれない。

お化け屋敷に本物の霊が出るという「生駒山上遊園地」、文字通り昼なお暗い「暗峠」、首なしライダーが走る「信貴生駒スカイライン」。子供の頃よく遠足に行った「くろんど池」も、夜のトイレは「出る」らしい。中でも有名なのが「旧生駒トンネル」で、現在は完全に封鎖されているが、過去には様々な怪異が起きたらしい。開通以来、幾度かの大事故で、多くの方々が命を落とされている。生半可な気持ちで訪れるところではない。行くなら、たまに近鉄が開催する一般公開イベントに参加されることをお勧めする。


生駒市に母方のご実家があるというMちゃんから、話を聞かせてもらった。ご実家は、寺である。

歴史は古く、本堂は江戸時代に建てられたもの、本尊の阿弥陀如来像は安土桃山時代のものらしい。

安土桃山と聞いても、そんなに古いと思えないのが、奈良のすごいところである。

「敷地内にお地蔵さんが祀られているのですが、聖徳太子が腰かけた石の横にあったもので、太子が触ったというわれがあります」

なるほど、奈良。

Mちゃんは、幼い頃からかなり勘の鋭い子だったようだ。自覚はなかったのだが、大きくなってから親に「あんたはよく不思議なことを言い出す子やったなぁ」と言われ、そうだったのかと思った。

「お母さん、あのとき怖かったのよ」

後に聞かされた「母が怖かったシリーズ」があるらしく、これはまた別の機会にじっくり取材したい。

ひとつ例を挙げると、阪神淡路大震災の数日後、兵庫に住む親戚を見舞いに行ったときの話がある。

親戚一家は皆無事だったのだが、家屋がダメージを受けた。母が、当時三歳だったMちゃんを連れて見舞いに行った。途中で、とあるビルのトイレに立ち寄った。鏡の前でMちゃんの髪を整えていると、わんわん泣き始めた。母は「髪を引っ張ったのが痛かったのかしら」と思ったが、そうではなかった。Mちゃんは鏡を指さし、「女の人がいる、怖い」と泣きわめく。だが母が見回しても、周囲には誰もいない。

「壁のヒビのところに女の人がいる！」

Mちゃんは言うが、壁の前には誰も立っていない。

もうやめて。

怖くなった母は、ときかけた髪もそのままに、Mちゃんを抱きかかえてトイレを走り出たそうだ。

そんなMちゃんも大学生になった、今から七年ほど前のこと。

長年住職を務めてきた祖父が、急に亡くなった。以降は叔父が住職となった。

親族から見ると、代替わりしてから、本尊の阿弥陀如来の顔付きが変わったという。

「うちの阿弥陀さん、もっと下ぶくれやなかった？」

祖父は貫禄のある体格で、顔が「下ぶくれ」だった。それが細身の叔父が住職になってから、「阿弥陀さん、痩せはったなぁ」と皆が噂するようになった。よく言えば「若返らはった」。別の意味で「貫禄がなくなった」のだ。

人の祈りや念の入り方によって仏像の顔が変わる、と聞いたことがあるが、こういうことなのかと思った。

祖父が亡くなったときには、まだ跡継ぎが決まっていない状態だったので、結構大事となった。急に重い病気が見つかり、余命一、二か月という宣告を受けてから、あっという間に逝ってしまったのだ。

寺を継ぐためには、僧侶の資格を得なければならない。その時点では、まだ誰も持っていなかった。また跡を継ぎたがるものがおらず、皆で押し付け合っているような状態だった。散々話し合った末、姉弟の中で一番末っ子の叔父が「じゃあ継ぐ」ということになった。だが、資格を得るには二年ほどかかる。

近年、寺の数と住職になりたい人の数が釣り合わず、資格を持っている人の方が断然多いらしい。多くの寺では住職が世襲になっている。実家が寺でないと、せっかく資格を得ても、住職になる寺がないのだ。恐ろしい話、下手をすると乗っ取られる可能性もあるという。

そこで親類の寺に当面バックアップをしてもらい、叔父が資格を得られるまで面倒を見てもらうことになった。

祖父は絵に描いたような「僧侶」だった。お経が上手く、自分たちにお金がなくても、困っている人がいれば分け与える。勘が鋭く、檀家さんが亡くなると、知らせを受ける前にわかったという。

ある檀家さんが亡くなったとき。祖母と同じ部屋で寝ていた祖父がふいに起き上がり、「ああ、今○○さんが亡くならはったから、きっとお通夜や葬式の用意をしてくれと電話がかかってくるわ」

と言う。すると本当に夜中に電話がかかってきて、○○さんが今息を引き取ったと知らされる。そんなことがよくあったらしい。

一方叔父は、今ではすっかり僧侶らしくなったが、継ぐと決まった当初はまだ若く、今どきのかっこいいおしゃれな人で、僧侶のイメージとは程遠かった。継ぐ決断をしてくれたことは嬉しかったが、本当に務められるのか心配だった。

祖父が亡くなったときは、皆がばたばたと混乱していた。叔父も今までと環境が一変し、資格を取らなければならないプレッシャーなどもあって、疲れていたのだろう。

ある夜、寺の一番角の和室で寝ていた叔父が、「すごく怖いことがあった」と起きてきた。叔父はオカルト否定派で、スピリテュアルなことや霊界の存在を信じていない人だった（それで僧侶になって大丈夫なのかと思っていたが）。

生来勘の鋭い叔母やMちゃんは、昔から結構怖いものを見るので困っていたが、叔父がこんなに怖がることはこれまでなかった。何があったのかと聞くと――。

叔父が寝ていると、自分の回りを歩く足音がする。ひそひそと誰かが話している声が聞こえる。

「この寺を乗っ取るんやったら今や。力が大分弱ってるから」

男の声でぼそぼそとそんなことを言っていたらしい。

一緒に叔父の話を聞いていた家族が、

「あんた、疲れてるんやで――」

と口々に慰めたが、叔父の恐怖は癒えない。

「いや、確かに聞こえた。怖いからもうあの部屋では寝やん」

頑なにそう言い張り、その日以降、角の和室で寝なくなった。

その後もう一度、今度は叔父ではない家族（叔母だったかどうか記憶が曖昧）が、別の部屋で同じような話し声を聞いた。

「『こいちゃん』が継いだら面倒くさかったけど、こいつでよかった」

というようなことを話していたらしい。

『こいちゃん』というのは、大阪船場の商人の言葉で、末の娘さんを指す。奈良の寺で唐突に船場言葉が出てくるのも不思議だが、問題はこの家で『こいちゃん』にあたるのは誰かということだ。

普通に考えれば、三女の叔母のことだ。だが、実はその下に男兄弟が続き、末の叔父が生まれた十年後に、次女である母からMちゃんが生まれている。

Mちゃんは幼い頃から仏教に興味があり、祖父からよく仏様の話を聞いた。夜泣きをしたときには、祖父が住職しか座らない礼盤という台に乗せた。するとぴたりと泣き止み、祖父の誦経を聞きながらすやすや眠ったという。仏陀などの本を買い与えられ、よく読んだ。

「私は将来僧侶になるんや」

Mちゃんが祖父にそう言うと、

「いや、お前は頭がいいから僧にはなるな」

と止められた（Mちゃんは長じて高難度の国家資格を取る）。

袈裟を着て、一緒に檀家さんの家にお参りをしたりした。子供の頃は髪が短かったので、檀家さんたちに男の子とよく間違われた。

「一番下のぼん（息子）がこないになったはって、継ぐんですな。ええですな」

「いや、これ、孫ですねん」

祖父はそう言って笑っていた。

Mちゃんは祖父の孫の中で一番年上だが、傍目には一番下の子に見えていたようだった。一番下の女の子となると、謎の声が言うところの「こいちゃん」にあたる。

「『こいちゃん』て、Mのことと違うんか」

怖いね、と皆で言っていた。

普段はそんな話を端から信じない叔父も、そのときはかなり参っていた。勘の鋭い三番目の叔母が、

「家の空気がよくなくてしんどいわ」

と言うように、家全体に何か重いものが圧し掛かっ

ているような雰囲気があった。代替わりの隙を見て、「何か」が来ていたのかもしれない。

お寺の本堂に入るまでに渡り廊下が二本あるのだが、そこを昔から皆が「何か変なものがいる」「怖い」と言っていた。廊下を駆け抜けて本堂に入ってしまえば大丈夫なのだが、わたる間が妙に怖い。

叔父が寝ていた和室は、その廊下に面していた。妙な話し声を聞いたのはそのせいかもしれないと皆で話していた。

Mちゃんが跡を継いでいたとしたら、一体何が「面倒くさ」かったのだろう。

祖父が亡くなった後には、そうした不思議なことがちょくちょくあった。

お通夜のときに、Mちゃんは奇妙な体験をした。

小さい頃から大変な「おじいちゃん子」で、いつも祖父について回っていたので、亡くなったことが悲しすぎて受け入れられなかった。

これまでいろいろ不思議な体験をしてきていたが、

「あんなのは全部嘘だ！　霊なんて本当はいないし、仏の世界もない。祖父に会えないなら、そんなものはすべて何の意味もないじゃないか！」

そう思いながら、ひたすら泣いていた。


病院から遺体が戻ってきて、廊下沿いの和室（叔父が寝ていた部屋）に安置された。

Mちゃんは部屋の前で泣き続けた。

すると、本堂の方から――すべての霊的なものを否定したMちゃんの前に――わらわらわらと、「御一行様」といった様相の、もやのようなものが現れた。

祖父がいる部屋に入っていこうとする。

「いやいや、違う。今否定したばかりやのに、そんなものが見えるはずがないやん。これは気のせいや。私には何も見えていない」

Mちゃんはそう思おうとした。ぎゅっと目を閉じ、しばらくして開けると、もやはまだそこにあった。

もや自体は真っ白で、悪いものではなさそうだった。

何か――あるね――。

あんなに否定した後に、これか。勘弁して欲しい。

まるで、「これを見ろ」と叩きつけられたような気がした。

ぼーっともやを見ながら泣いていると、行列の中からひとつのもやの塊が抜けて、Mちゃんに近づいてきた。

そのもやに、頭を撫でられたような感じがした。もやは再び行列に戻っていき、そのまま祖父の部屋に入っていって、見えなくなった。

あまりにびっくりして、涙が止まった。霊的なものを全力で否定した後だっただけに、信じざるを得ないものを見せつけられて、しんどかった。

でも、どうせ一番会いたい祖父には会えない。よくわからない。これは何なんや。大きく心を揺さぶられ、Mちゃんは酷く混乱した。

やがて、檀家さんたちが祖父のところにお参りに来始めた。

Mちゃんはその場を離れ、祖母たちに今見たもやのことを話した。

「まるで『来迎図』やな」

僧侶が亡くなると、仏様が迎えに来てくれる——信心深い祖母はそう信じていた。

「阿弥陀如来御一行様が迎えに来てくれて、一行のうちの誰かが、泣いているMちゃんに『気を落とさないように』と慰めに来てくれたんかもしれんね。それは悪いことじゃないから、否定したらあかんよ」

そう言われ、当時はとても複雑な気持ちになった。

今となっては、そうだったのかもしれないなと受け入れられる。だが、なぜもやのようにしか見えなかったのだろう。

オカルトに詳しい知人に話すと、天上の存在など、徳の高すぎるものは、俗人の目にはピントが合わないようになっていて見えないのかもしれないねと言われた。

「祖父は本当にとても優しい人で、尊敬する僧侶だったので、お迎えに来てくださったのなら、よかったです」

そのときに、諦めがついた。

「見えた」ものについて、信じる、信じないはもう置いておこうと思えるようになった。

今でもたまに不思議なものを見ることがあるが、「ああ、いるな」という程度に受け流しているという。

（三輪チサ）

天川村某キャンプ場
子どもたちが見たものは…

人影

伊藤さんが住んでいる大阪市内のその地域は、青年団や子供会の活動が活発であり、年間を通じて恒例行事もしっかりと行われている。その夏も例年同様、大型バスを数台借りて、奈良県天川村のキャンプ地へと赴くことになった。当時小学四年生だった伊藤さんの娘も参加しており、伊藤さんはその年、初めて引率として加わることになった。

キャンプ場に着いてから、山歩きや川遊びをしていると、時間などあっという間に過ぎてしまう。飯盒炊爨でご飯を炊き、カレーを作ってみんなで夕食を済ませた後は、キャンプファイヤーで盛り上がる。それが終わればれ次は肝試しを予定していた。

キャンプサイトを出て、山上へと続く細い林道を二十分ほど登って行くと広場に出る。まずは子供たちをそこに集め、班ごとに、懐中電灯だけを持って下って行かせる、というのがいつもの肝試しのパターンだ。そして道の途中には脅かし役兼安全管理係の大人たちが隠れていて、子供たちが来るのを待っている。そういう手筈だった。

ところが、キャンプファイヤーが終わり、その片付けに入った時だった。

「おーい、まだ行ったらあかんぞー！」

そんな声が辺りに響いた。見ると、スタッフの一人が林道の奥に向かって叫んでいる。

伊藤さんがそのスタッフの元に行くと、林道の暗がりの中を数人の小さな影が奥へと向かって歩いていくのが見えた。どうやら何人かの子供たちが、勝手に林道の奥へと行ってしまったらしい。子供たちを山の上の広場に連れて行くのはキャンプファイヤーの片付けが終わった後なのだが、毎年このキャンプに参加している子供たちは、その流れを知っているのだ。先走った一部の上級生らが下級生らを引き連れて行ってしまったのである。

「伊藤さん、すみませんが、あの子らを連れ戻してくれませんか？　この先の分かれ道で、間違った方に行かれると、崖もあって危ないんで」

伊藤さんは懐中電灯を片手に急いで林道の中へと入っていった。

「おーい、ちょっと待って！　そこで止まって！」

大声でそう呼び掛けると、前を行く数人の影が止まった。

「そっち行ったら危ないから。戻りなさい」

子供たちは素直にそれに従ってくれたが、その内の一人が言った。

「まだこの先を行ってる子らがおるよ」

伊藤さんが前方を見ると、小さな影が数人、先を歩いていくのが辛うじて見えた。二股に分かれているところを通り越し、間違った道を行っている。伊藤さんはまた走り出した。

「そっち行ったら危ないで！　止まって！」

子供達に追いつくと、それは伊藤さんの娘を含む四年生の女の子三人だった。

「こっち違うから。早く戻りなさい。もうこの先に行ってる子はおらんか？」

そう言って、伊藤さんが道の先に目をやると、道の先のちょうど曲がり角のところに人が一人立っているのが見えた。完全に影になっていて、誰なのかは分からないが、こちらを向いていることだけは分かる。

「そっち違うで！　戻っておいで！　危ないから！」

伊藤さんがそう呼び掛けても、その影はぴくりとも動かない。

「戻ってきて！」

「そっちじゃないんやって！」

その場にいる子供達も一斉に叫ぶが、その影は何の反応もしない。

そのうち伊藤さんは気が付いた。暗くて距離感が掴み辛く、てっきり子供たちのうちの誰かだと思っていたが、あれは大人ではないか。他のキャンプ客かもしれない。そう思って伊藤さんは慌てて頭を下げた。しかし、相手はやはり全く動かなかった。

伊藤さんは子供達と一緒に、来た道を引き返した。

その後、肝試しは大いに盛り上がって無事に終わった。

その直後のことだ。

「パパ、さっきのあの道の先にいた人なんやけどね、あれってどんな人やった？」

伊藤さんの元に彼の娘が先ほどの友達と一緒に三人でやってきて聞いた。

「どんな人って……、暗くてただの影にしか見えんかったから分からんよ」

「パパってそんなに目が悪かったっけ？　あれ、白い着物を着た女の人やったやろ？」

「え？　そうは見えなかったけど」

「でも友達は違う風に見えたって言うねん」と言いながら、娘は友達に振った。

「白い着物は着てたけど、紐で縛られてたよ、あの人。だから動けんかったみたい」

伊藤さんは耳を疑った。ではもう一人の子にはどう見えていたのか。

「私には……、あれが黒い影にも、白い着物を着た人にも見えなかった……」

小さな声で呟くように言う。

「じゃあどんな風やったの？」

「それは……、言えない……、ごめんなさい……」

そう言って、その子は泣き出してしまった。結局その子が何を見たのかを話すことはなかった。あそこにいたのが何者だったのか、その正体は今でも分からないままだ。

天理市某所
幼い記憶に残る恐怖体験
古い旅館の絵

（宇津呂鹿太郎）

親戚がこの地に所縁があり、子供の頃は毎年訪れていた。まだ小学生くらいの頃は親戚やその友達も一緒に泊まって賑やかに過ごしていた。

ある年の夏、古い旅館に泊まったときのこと。子供たちは子供だけで1つの部屋に布団を敷いて寝ていたので気分は修学旅行。興奮でなかなか寝付けないのが子供だが、それでも朝から遊んでいた疲れで気が付くと眠りについていた。

眠りについてどれくらいの時間が経過したかは定かではないが「ねえねえ起きて」慌てた様子の親戚のお姉さんに体をゆすって起こされた。

「廊下の奥の絵が変だから怖い。一緒にきて」

布団を敷いて寝ている部屋の中にお手洗いはなく、部屋を出て廊下を渡り共同のお手洗いまで行かなくてはいけない。きっと一人で怖いから一番歳の近い私を起こしたのだろうと思い深くは考えなかった。正確な時間はわからないが、周囲の声や音もとても静かになっていたので夜中なのだろうと思う。

廊下の絵？　何だろう？　そんなものあったかな。絵については特に何も思い当たることがなかった。

お姉さんと自然と手を繋いで薄暗い廊下を歩いた。廊下の突き当たりの壁に掛け軸のようなものがかけってある。

「この絵、さっきは血なんか出てなかったよね？」

お姉さんがそういう。壁にかけられたのは落ち武者？のような不気味な武士のような絵で口から細い血のような線が描かれていた。

こちらをじっと睨みつけるような黄色い目が怖ろしい。

「覚えてないけど……こんな怖い絵じゃなかった気がする……」

お姉さんがいうには宿に着いたときは血を流していない普通の絵だったという。私はというと記憶にはないけどこんな不気味な絵だったらきっと覚えていると思ったので確かに変なのかも知れない。

怖くなった私たちは早くお手洗いを済ませて部屋に戻って寝ようということで落ち着き、お手洗いの個室に入っても会話を続けて怖さを紛らわせた。絵のことは怖くなるのでもう考えないようにしようと約束して再び眠りについた。

翌朝は帰る準備の慌ただしさもあり、帰るときにその絵をちらっと見ただけだったが口元の血は確かに消えているように見えた。ただ恨みがこもったような落ち武者のような男性の睨んだ目つきが怖くてすぐに顔を背けた。細い血のように見えた線は見間違いかも知れないし影だったのかも知れない、そう思った。

宿を出たあと皆で乗ったバスの中でお姉さんが昨日の夜の話をし始めた。

「廊下にある女の人の絵が夜中見たら口から血を流していた！」

と。

「あの着物を着た女の人の絵？」

誰かがそういった。

「そう！　その絵！」

その会話を聞いて私は頭が真っ白になっていた。

他の人には着物を着た日本髪の女の人の絵に見えていたらしい。私には朝旅館を出ていくときも夜見たときも、鋭い目つきでこちらを睨みつける落ち武者の絵だったのに。

その当時は知る由もなかったが、その旅館のさほど遠くないところにあるダムが有名な自殺の名所であるらしい。

その付近での霊の目撃情報が多数あるらしいが旅館での出来事と関連があるかはわからない。


（愛葉るび）

三室山
聖徳太子に纏わる太古の闇とは？

侍

かつて日本の政の中心にあった奈良。当時は《やまとの国》と呼ばれたこの地には血に染まる権力争いが繰り広げられてきた。我々が子供の頃に日本の歴史について学んだ時によく耳にした人物として挙げられるなかに**【聖徳太子】**は外せないのだが、彼が掲げた『和をもって尊しとなす』という心得の《十七条憲法》は裏返せば「これ以上、争いによる血が流れてはいけない」という思いがあったことは想像に難くない。《悠久の昔》と現代では懐かしいように振り返られる《やまとの国》には歴史の闇があったのだ。

太子が隆盛を誇った証として現在も遺るのが奈良県の生駒郡の一部である《斑鳩町》の法隆寺だ。世界最古の木造建築物として現在も保存されつつ、一目見ようと世界中から観光客が訪れている。この寺には昔から太子の亡霊が出没するといわれてきた。それは何かの呪いというより、政の志半ばでこの世を去ったことへの無念と責務から……自ら建立に尽くした寺に現れてまだ執務を行っているのかも知れない。

その法隆寺から車で15分ほど西に走った処に《三室山》という82メートルの低い山がある。近くには《竜田川》が流れ、この山と川の組み合わせは季節毎の景色が観光の呼び水になっており、特に春の桜、秋の紅葉は名所と謳われている。その景観は太子の時代には既に存在していたようで、平安時代中期の僧侶・歌人である能因法師が『嵐吹く　三室の山の　もみじ葉は　龍田の川の錦なりけり』と詠まれた和歌が《小倉百人一首》に遺されているということからも古くから脈々と伝わって来た場所なのだ。

その三室山は現在では季節がもたらす景観の素晴らしさだけでなく、付近の方々の憩いの場所として、手軽な散歩コースを含む低い山として親しまれている。

だが……その反面、いわくある場所としても知る人ぞ知る山でもあるのだ。

下の道路から山道に入って、ゆるやかな螺旋状にぐるぐると登って行く途中で、【侍】が目撃されている。それも江戸時代の武士という雰囲気ではなく、古代の様相だといわれている。しかも、それは足元から上にかけての部分であって……首がないのだ。山中を首のない侍が時には全身を震わせながら、時には足を引きずるように彷徨っているのだ。この地は、前述の聖徳太子の時代は身分の高い者だけが死後に祀られており、そのお社がわりとして三つの石室があったことから《三室山》と呼ばれるようになった。では、その当時に祀られた侍が現れたのかと思うわけだが、首無しであり「無念」めいた佇まいには違和感しかない。しっかり祀ってもらっている者が現れる姿とは考えにくいからだ。

そこに、一つの説として伝わっていることがあり…どうも、三室山は太子の時代の前には処刑場として使われていたというのだ。それはおそらく罪人を罰するというより、権力争いにより落とされた者たちを処刑する場所だったのではないだろうか？　もしかしたら、その残留した犠牲者たちの怨念の存在を知った太子が、自分の代になった時に死者を祀る山としたのかも知れない。処刑された者の末裔が後には復権して、先祖がかつて受けた想像を絶する苦しみの呪縛から解き放つために石室を置いて慰霊をするように太子に進言したとも考えられる。

歴史を全て解き明かすことは難しいが、首のない侍が目撃されるという心霊現象こそが隠された歴史の闇を物語っているのかも知れない。

（渡辺裕薫）

奈良市学園前の家
有名な住宅地で語り継がれる怪奇話

トーテムポール

怪談として伝わる場所というのは何処か山深い人気の無い……というイメージがあったりするのだが、奈良県の県庁所在地である奈良市のもっとも閑静な住宅街として知られる《学園前》に伝わる身の毛もよだつ怪異は、まだ世の中にインターネットというものが普及していなかった頃に、地元の人から人へ、そして他府県の人へと口立てのみで広まった。かつて社会現象となった《口裂け女》の伝説はテレビや雑誌・新聞というマスコミ媒体を通じて拡散されていったが、この地に起きた事は単に人から人へ伝わっただけに、その伝わった範囲と影響力を考えると怪異の内に秘めた因縁の深さを感じずにいられない。

それは……かれこれ40年近く前になるのだろうか。近鉄電車・富雄駅から線路沿いに東へ少し進んだあたりにある踏切に女性の飛び込みが起きた。電車は富雄駅の東に位置する学園前駅から来たのか、または富雄駅からの電車であったのかは定かでは無いが、おそらく電車の勢いからすれば、富雄駅からの電車であったのかも知れない。

飛び込んだ女性がその衝撃で身体が飛び散り、あろうことか頭部だけが離断して線路近くの一軒家に飛び込んだのである。ゴロリと庭に転がった人間の生首に家主は叫び、恐怖に頭を抱え、そのあまりに凄惨な出来事に因って精神を蝕まれていき、ついには怪死に至ったようだ。その後、学園前という人気物件であるために次の住人が決まって越して来たようだが、敷地内で女性の啜り泣く声が聴こえるなど、度々の怪現象によってすぐに売却するといった事が続いたために、所有者が次々と替わっていった。最後の所有者は一人暮らしの男性で、仕事の関係から殆ど日本にいなかったため、たまにしか帰宅しなかったからなのか一番長い期間の住人となったようで、近所の人には敷地内で起きるであろう怪現象に対して、あっけらかんとした明るさであったのだが、後に心臓発作で亡くなっているのが発見されたという。そのいわく因縁のある家が建築された時から庭にトーテムポールが立っていた事から、いつしか人々は【トーテムポールの家】と呼んでいたのである。

ただし、人によってはこの話は都市伝説であり、そんな家は存在しなかったという声もあるが、筆者はかつてこの沿線に頻繁に乗っていたので、車内からこの家をよく見ていたため、存在は確かであったと確信している。豪邸の前面にある庭に置かれたトーテムポールはあまりに奇抜な取り合わせであったので、その因縁などを知らずとも乗客の眼を惹きつけるには充分であったから、たくさんの人々がトーテムポールの存在を記憶している事であろう。そんなインパクトの大きな家であったが、その後、解体中に作業員が倒れたという噂が囁かれたりしつつ全てが取り壊されて更地になって、新しく家が建てられた事で以前の面影はもちろん、その因縁も忘れ去られたかのように時間が流れているが、女性が飛び込んだ踏切だけは土地の記憶を残しながら現在も存在している。ただ、当時と異なるのは、夜間は飛び込みを防止する作用のある青いLED照明によって灯されて、次の犠牲者を出さないようにしている事である。


（渡辺裕薫）

屯鶴峯《どんづるぼう》防空壕
地下迷路に棲まう数多の霊

大阪と奈良の間に屯鶴峯《どんづるぼう》と呼ばれる場所がある。鶴が屯《たむろ》する場所という意味で屯鶴《どんづる》となったらしい。

その屯鶴峯には大東亜戦争の最中に陸軍によって掘られた大きな防空壕がある。

大東亜戦争で本土決戦が決行された時に、屯鶴峯の防空壕は陸軍最後の司令所になる予定で、中は全長は３㎞に及ぶ網の目状の地下迷宮となっている。

しかし、防空壕内に司令塔が置かれる前に終戦を迎えたので屯鶴峯の防空壕が活用されることはなかった。

３㎞にもわたる防空壕はたった三ヶ月の工事期間で、ろくに工具もなく機密性の為に明かりも無い状態でほぼ手掘りでの突貫工事だったそうだ。

ゆえに資料がないので正式な数は不明だが、建設中に命を落とした労働者も少なくなかったという。数年前の調査で分かったそうだが、地下の防空壕内には軍の司令官の生活を想定した部屋らしきものまであったらしい。

高槻にも軍の司令によって掘らされた高槻地下倉庫、通称タチソもあったので、大阪の軍関係者の中には秘密基地を命じることが好きな高官がいたのかも知れない。

戦後から70年以上経過しているけれど、まだ街中に戦争を思わせる跡は大阪内のあちこちに残っている。

屯鶴峯の防空壕跡は立ち入り禁止なのだが、近年は自殺者が数件報告されている。中には、自殺を図ろうと防空壕内で服毒を行おうとしたところ、天井に無数の顔が張り付いていたので取りやめた人や、不倫の果ての心中で防空壕内で遺書をしたためていた男女が、労働の末に命を落とした者なのか、壁を掘る男の霊に「やめておけ」と声をかけられたことがあったそうだ。

亡くなったあとも今も数多くの亡霊が屯鶴峯の中で彷徨っているのだろうか。

屯鶴峯の調査にボランティアで協力したことがあるというNさんは、一度裸に近い姿の痩せた男性が壁を撫でているのを見たことがあり、道に迷った遭難者かと思って声をかけようと思った途端、青白い火の玉のようなものになって消えてしまったのを見たという。

霊感もなく、薄暗い防空壕内を長時間歩き調べていたので、幻覚かも知れないとNさんは言っていたが、あの男性のあばらの浮いた半身と、絶望の色が浮かぶ落ちくぼんだ目が未だに忘れられないそうだ。

（田辺青蛙）

■斑鳩町

三室山

三室山は古来より神が留まる山として知られている。この地の有力者が亡くなったときに葬られる場所であり、ここで葬られた者は霊魂が山頂からあの世へ行き、神となって子孫を守るという言い伝えがあった。その後は処刑場となり、首をはねられ処刑された者が多くいたという。そのためか、今でも処刑された武士の霊が現れると言われている。

■生駒市

生駒山

自然や夜景が綺麗な場所としても有名な生駒山だが、遊び半分で行くのはおすすめしない。夜景を見に行った人が幽霊を目撃してしまったという。また、この山では「首なし地蔵」と書かれた看板がある道を進み、首なし地蔵を見てしまうと、山から帰ることができなくなってしまうという。山頂周辺には鉄塔があり、その下には霊がいるといわれている。

旧鶴林寺（薬師山鶴林寺）

日本最古の霊場といわれる生駒山にある旧鶴林寺では、人はいないのにもかかわらず、本堂からお経を唱える声が聞こえてくるという。現在の鶴林寺は江戸時代になってから山のふもとに移された。行基が開いた寺という説が残る。

暗峠

生駒山の山脈一帯は霊山だが、その中でも特に強い霊気を放っているのが暗峠で、トンネルの入り口には僧侶の霊が出る、どこからともなく御経が聞こえてくるといった噂が絶えない。

くろんど池

よく整備された池で、昼間はバーベキューなどを行う客で賑わっているが、夜になると空気が一変する。自殺者が多い場所でもあり、首を吊る女性の霊や、池を泳ぐ黒い人影の目撃情報が相次いでいる。

信貴生駒スカイライン

信貴生駒スカイラインではいくつもの怖い噂が存在する。「白い軽自動車とすれ違うと事故に遭う」「事故で亡くなり足だけ見つかっていないという女性の霊が、上半身だけで物凄いスピードで車を追いかけてくる」「昔、バイクでカーブを曲がり切れずに転落死してしまったライダーがいた。見つかった遺体には首が無く、それから深夜に首の無いライダーの霊が現れるようになり、後ろから走ってきて追い抜かれると事故に遭って死んでしまう」「スカイラインにあるトンネルで停車したままライトを消し、クラクションを鳴らすと、窓やフロントガラスに赤い手形がつく」など、通るだけでも怖ろしい道である。

■大淀町

ラブホテルの廃墟

このホテルは火災により休業したまま、閉鎖されている。ここでは黒焦げになった霊が出る、オーブを見た、といった話がインターネット上に存在する。

■香芝市

屯鶴峯地下壕

太平洋戦争末期に造られたこの地下壕は、およそ2ヶ月の作業期間にもかかわらず、総延長2キロにも及ぶ。これだけでも強制労働者たちの厳しい作業状況が想像できる。過酷な労働作業の末、亡くなった者もいたようで、岩の壁を掘る男の霊が日撃されている。近年では自殺者の報告が数件あがっており、なぜか子供の霊の目撃情報もある。

■橿原市

耳成山公園

耳成山の南側のふもとにある耳成山公園には、古池という大きな池がある。この池では入水自殺する者が多く、自殺者の霊によって、池に引きずり込まれそうになるという。

■葛城市

葛木二上神社

二上山の山頂にあるこの神社では、周辺の樹木から五寸釘が見つかり、丑の刻参りが行われているといわれている。また、過去には山の中からバラバラになった人間の遺体が発見され、一部はまだ見つかっていないという噂もある。この山では、謀反の疑いをかけられ自害した大津皇子の呪いがかけられているという話もあり、心霊現象の影響を受けやすい者は体調が悪くなったりするという。

■黒滝村

小南トンネル

県道48号線にある小南峠隧道とも呼ばれるこのトンネルでは、女性の霊が出る、足音が聞こえるといった話がある。明治時代に作られたこのトンネルはかなり古く、近年コンクリートでの補修工事が行われるまでは、手掘りの岩壁がむき出しの状態であった。

■五條市

生子トンネル

現在はフェンスで塞がれて中に入ることのできないこのトンネルは、かつて奈良県と和歌山県を結ぶ鉄道のために作られたが、第二次世界大戦による資材不足で建設が中止され、戦後、鉄道の計画もなくなってしまった。その後、路線バスの専用道路として使用されたが、そのバス路線も廃止になっている。このトンネルでは建設工事中に事故があり、亡くなった作業員のうめき声が聞こえるといわれている。また、昔走っていたバスでは、最終バスに乗ると、女性の霊が現れるといった話もあった。

■御所市

水越峠と祈りの滝

奈良県と大阪府の境にある峠道で、深夜になると光が見えるという話がインターネットに書き込まれている。この峠では元禄時代に水争いがあり、多くの人が亡くなったといわれている。またこの峠の中ほどに、名水としても有名な祈りの滝があるが、このあたりでも女性の霊が出るといわれている。この滝は修験道の霊場で、行者や旅人たちが祈りを行った場所でもある。

水越トンネル

このトンネルは、建設時に人骨が多数発掘されたといわれており、また工事中や完成後も事故が多発したという。そのせいか、霊が出るという噂が絶えない。

■桜井市

旧鹿路トンネル

桜井市と吉野町を繋ぐ旧鹿路トンネルは、急な山道や暗い照明のため、通るのが大変な場所だった。今は新鹿路トンネルができたため、以前より利用者は減っている。このトンネルでは焼死体が発見されたという噂や、霊を見たという噂が相次ぎ、不気味な雰囲気が漂っているので、近づくのをためらってしまう。

■下北山村

池原ダム

ダム湖100選やブラックバス釣りで有名なこのダム湖では、作業着を着た男の霊が出るといわれている。この1964年に建設されたダムでは、作業中に多くの殉職者を出し、またダムが完成したあとも釣り客の事故などが発生している。ダムの展望台の近くには慰霊碑があり、建設作業で殉職した方々の名前が刻まれている。

■高取町

芦原トンネル

橿原方面から吉野方面に走る芦原トンネルは、かつて殺傷事件があったという噂があり、それ以来霊が出るようになったといわれている。走行中に腕を掴まれる、車のヘッドライトが勝手に点滅するといった話がある。

■天川村

行者還トンネル

車で走るには険しい道としても知られる国道309号。この国道にある行者還トンネルは、幅が狭く、対向車とのすれ違いが困難で、長さは1キロを超える。このトンネルでは老婆の霊が出るといわれている。またトンネルを車で通るとタイヤがパンクする、トンネル内で叫ぶと車のエンジンが壊れるという話もある。

■天理市

石上神宮

日本最古の神宮ともいわれる石上神宮は、拝殿の後方が禁足地となっており、そこに布都御魂大神が祀られている。この神宮にある池には、古くから馬の頭をした魚が泳いでいたという伝説があり、夕方になると馬の鳴き声が聞こえてきたという。

天理ダム

自殺の名所としても有名な天理ダムには、いまだ発見されていない遺体もあるという。ダムにつながる道にはカーブが多く、事故がよく起きる場所でもある。このダムではうつむく男性の霊が何度も目撃されている。また、付近の公衆電話の受話器から血が流れだす、少年の霊が宙に浮かんでいるといった噂がある。

天理トンネル

天理ダムへと続く道にある天理トンネルは、過去にバイク事故で亡くなった少年の霊が出ると言われている。事件の真相は不明だが、人通りの少ない深夜は地元民でも通行を避けるような場所である。

桃尾の滝

布留川の上流にあり、パワースポットとしても知られるこの滝では、写真を撮ると霊が写りこんだり、付近の公衆トイレに霊が現れると言われている。霊の正体は滝で自殺した人ではないかという話もある。近くには寺があり、昔から行場としても知られていた。またこの場所は、石上神宮の元宮であったという説もある。

鶯の滝

■奈良市

江戸時代より名所として有名なこの滝は、奈良奥山ドライブウェイ付近にある。この滝では自殺した女性の霊が出るといわれている。また、パワースポットとしても知られており、ここで撮影した写真にはオーブが写ることもあるという。

大渕池

この池では昔、母親が子供を連れて心中したという事件があったとされ、それ以来親子の霊が出るといわれている。

黒髪橋

県道44号線の上に架かるこの橋から黒髪山稲荷神社のあたりでは、女性の霊が出るといわれている。高さのある橋のためここから飛び降り自殺する人もいたという。

黒髪山では、垂仁天皇の時代、垂仁天皇の皇后であった狭穂姫が、天皇の位を狙う兄が起こした反乱のために2人の間で板挟みになった挙句、兄のもとへ行くことにし、そのとき身ごもっていた垂仁天皇の皇子が産まれると天皇側に引き渡し、追っ手から逃れるために黒髪を切り落としてこの山に埋めたという伝説が残っており、これが黒髪山という名前の由来といわれている。

猿沢池

奈良公園内にあるこの小さな池は、奈良八景のひとつに数えられるほど美しい池であるが、霊が出るという噂がある。この霊は、池にまつわる言い伝えと関係しているとされる。奈良時代、朝廷に仕え、天皇や皇后の身の回りの世話を行った采女という官職に就いていた女性が、天皇からの寵愛が衰えたことに嘆き悲しみ、この池に身投げしたという。噂では、失恋など同じような境遇に遭った女性が池の近くに来ると、采女の霊が池に引き込もうとするのだという。今でもこの采女を祀る采女神社では、采女の霊を鎮めるために毎年例祭が執り行われている。

崇道天皇社

日本で最強の怨霊ともいわれる早良親王を祀る神社である。早良親王は藤原種継を暗殺したとの疑いがかけられた。犯人はすぐに捕まり無罪を主張したにもかかわらず流刑にされ、淡路島に向かう途中で亡くなった。早良親王の死後、桓武天皇一族の病死や疫病の流行、天災が相次ぎ、それらは早良親王の祟りとされ、恐れた人々によって鎮魂の儀式が行われ、早良親王を崇道天皇と称し崇道天皇社が建てられた。

トーテムポールの家

実在していたか定かではないが、奈良には家の敷地内にトーテムポールが建っていた家があったという。その家では、近くにあった踏切で自殺した人間の首がちぎれて敷地内に飛んできたといい、それからこの家や周辺で怪奇現象が起きるようになったのだという。女性のすすり泣く声が聞こえる、住む人が何度も入れ替わる、最後の住人が謎の死を遂げる、家の解体工事中に作業員が突然心臓発作で亡くなるなど、多くの現象が起きている。トーテムポールを家の敷地内に建てたのは、最後の住人だったといわれている。

水間峠

現在では水間トンネルが開通し、ほとんど使われることのなくなった水間峠の峠道では昔交通事故が多発したという。そのせいか今でもトンネルの方に事故で亡くなった者の霊が出るという。また、昔峠付近で水害の被害があり、犠牲者の霊も出るといった話がインターネット上に書き込まれている。

■大和郡山市

白高大神

奈良県内でも最恐クラスの心霊スポットといわれている。この神社ではかつて、とてつもない才能を持ったシャーマンの女性がおり、多くの信者がいたとされているが、のちに廃神社となってしまった。ここでは、遊び半分で行った少女が悪霊に憑りつかれたという噂があり、奥にある防空壕が一番危険な場所とされている。神社への道は険しく、気軽に行くのはためらわれる場所である。

滋賀県の怖い街

滋賀県の怖い噂

大津市某所
風呂場で起こった怪奇

色眼鏡で見る

先入観に囚われ真実が見えなくなってしまうことを色眼鏡で見ると言うが、眼鏡を外して現実を直視することが必ずしも良い結果を生むとは限らない。これは私の友人、小林さんの体験した出来事である。

大津市に住む二十代会社員女性小林さん（仮名）は極度の近視だった。彼女は目に異物を入れるのが怖いそうで、コンタクトレンズを嫌い学生時代からずっと眼鏡を使用していた。裸眼では何もできないほどの近眼であっても、一日生活すれば必ず数回眼鏡を外す瞬間がある。

数年前、二月のとある日、小林さんは掛け布団に身を包み、手だけを外に伸ばして眼鏡を手に取った。午前六時の自宅はあまりにも寒かった。やっとの思いで布団から抜け出し、身を震わせながら洗面所へと向かう。

寝ぼけ眼で洗面台の照明をつける。昼白色が反射し鈍く光る蛇口を捻る。美肌で有名なある女優が冬でも水で洗顔するとテレビで観てから、小林さんは真似して一年中冷水で顔を洗っていた。痛みすら感じそうなほど冷たい水を顔に浴びるのはたとえ毎日のことと言っても少し覚悟がいる。ものぐさに眼鏡を外し、目をぎゅっとつむる。両手で作った椀に水を溜めると、その手に違和感があった。いや、手に冷水が触れたことによる違和感がないことが違和感であった。凝固寸前の水が人肌まで温まっていたのである。ぬるま湯はよく手になじみ、安心感すらあった。小林さんは普段とは異なる手触りを妙だと感じたが、誤って温水を出してしまったのだろうと納得しこのまま洗顔してしまおうと決めた。美肌活動は今だけ休止である。

手の内に溜めた湯を顔に浴びる。およそ水道水とは思えない感触と臭気が小林さんを襲った。不愉快なとろみ、鉄臭さが顔中に広がる。恐る恐る目を開けると、蛇口からドクドクと赤い鮮血が流れ、手のひらに暗褐色の血がこびりついているのがぼやけた視界からでもよく分かった。声にならない声をあげながら血塗れの右手で眼鏡を手に取る。視力を取り戻した小林さんは驚きのあまり凍り付いた。そこには凍てつくほど冷たい水が流れる蛇口、理性を失った小林さんによって濡らされた床、そして水道水と冷や汗で湿った小林さん自身だけがあった。溢れんばかりに流れる血の滝も血に塗れた両手もなかったのである。

疲れているんだ、きっと見間違いだと自らに言い聞かせ、無理やり正気を取り戻した小林さんは普段通りの一日を始めた。

小林さんの身に再び怪異が襲ったのは夜、職場から帰宅し入浴しようとしたときであった。小林さんは一人暮らしだったが、毎日必ず湯船に浸かるようにしていた。

今日は朝から疲れた。ゆっくりお風呂に浸かることにしよう。そんなことを考えながら眼鏡を外して浴室の扉を開く。入浴用の眼鏡も持ってはいたが、髪や顔を洗うときに邪魔になるうえ、いつも変わらない入浴の一連の流れであればぼやけた視界でもなに不自由なく行うことができたので、数回試して結局使わなくなっていた。もやがかかったような視界のまま浴室に入ると、狭い浴室内を漂う異様な雰囲気に気づいた。その正体は掴めないまま、恐る恐る浴槽の蓋を開ける。幼い時分、世話を怠った結果一匹残らず駄目になって炎天下の河川敷に捨てた、くすんだ赤い金魚のような生臭さが鼻を突いた。

「マァ、ママ、アマ、アア……」

濁ったどす黒い血が溜まった浴槽には産まれたばかりの赤子から生後十ヶ月ほどの赤ん坊まで十数人、まるで餌が降るのを心待つ池の鯉かのごとく水面に顔を出し母親を求めていた。必死に母を探す大小様々の頭部はかすんだ視界を通してもそのおぞましさが減衰することなく、脳裏に焼き付くこととなった。小林さんは力の入らない足を必死に動かして浴室から逃げ出し、震えた手で脱衣所に置いた眼鏡をかけた。深呼吸で乱れた肺を整え、唇をぎゅっと噛みしめ、再び浴室を覗く。そこでは小林さんの身体を癒やそうと待ち構えるバスタブがやわらかな湯気を立てていた。そこには光を飲み込み、輝きを失くす赤黒の血溜まりも母を失った不憫な幼子もいなかった。

その後、小林さんは風呂に入る気にもなれず、おぼろげに見たおぞましい風景のことについてただひたすら考えていた。自身に降りかかった全ての事実について私にメッセージを送った。当時、私は今ほどオカルトに詳しいわけではなかったため有益な助言が思いつかず、ただ慰めることしかできなかった。日が昇るまで彼女の悲痛な叫びをただ受け止め続けた。その甲斐あってか彼女は見えるものへの対策を練ることを決断し、問題解決に一歩近づいたように思われた。

数時間後、彼女から再びメッセージがあった。怪奇現象の原因を突き止めたとのことだった。眼鏡をかけて視力に問題がないときにはいつもと変わらない生活を送ることができ、眼鏡を外しぼやけた視界になると目の前に恐ろしい世界が広がる。したがって、原因は視力が悪いことだ。これが彼女の立てた仮説であった。そんな馬鹿げた話があるのかと私は思ったが、彼女はいたって真剣だった。さらに彼女はこの怪異を消し去る一つの方法を思いついたと言った。それはレーシック手術だった。たしかに手術で視力を回復すればぼやけた視界とは無縁となる。コンタクトレンズですら怖がっていた彼女が角膜を削る決断をするわけだから、怪異が蔓延る世界は筆舌に尽くしがたいほどおどろおどろしいものだったのだろう。

彼女は仕事を休んでその日のうちに近所で最も評判の良い眼科を訪れた。前日のぐったりして出社した姿も手伝って、体調不良を理由にしばらく有給が取れることとなった。

医師の診察を受けたが、もちろん近眼が怪異を呼び寄せるなどという理由は言えない。彼女は生活に支障をきたしていると言って説明を誤魔化し、三日後の手術予約を取り付けた。眼鏡を外せば様々な表象として眼前に広がる怪異も、あとほんの少しの日数さえ耐えれば良いとなれば対処のしようはあった。

朝目覚め、目をつむったまま大声で気を誤魔化し定位置の眼鏡に手を伸ばす。洗顔もメイクもせず、入浴はボディシートで済ませた。こうして、睡眠時以外は眼鏡を外さない人間が生まれた。死んで全て終わらせたくなるときもあったが、三日の辛抱だ、これさえ耐えれば薔薇色の人生が待っているんだと明るく考え耐えた。

レーシック手術当日、私は待合室で名前を呼ばれるのを待っているという小林さんからメッセージをもらった。そこには三日間耐えきった喜びと手術への覚悟が書かれていた。日帰り可能の簡単な手術と言っても、目にレーザーを向けられるのは誰でも怖い。私は手術の無事を祈るメッセージを返信した。もちろん、視力回復ではなく怪異の消滅を祈った。

しかし、彼女から返信が来ることはなかった。彼女の行方は未だ分からない。

眼鏡は見たくないものを隠してくれる。彼女は回復した視力を使って見てしまったのかもしれない。おぞましい世界を、鮮明に。

（ＣＯＣＯ）

琵琶湖大橋

湖のドライブは、お気をつけて　霊を呼ぶ歌

湖面に浮かぶ舟に乗った兵団同士がぶつかりながら壮絶な戦いを繰り広げる。或る者は我が身を矢で射抜かれ、或る者は至近距離から刀で斬りつけられ、或る者は衝撃で水面に投げ出されて命を落とした。そんな歴戦によって亡くなった鎧甲冑姿の武士たちが湖底に沈んでも両足で立った状態でカッと眼を見開いている……古来からの戦に纏わる伝説が伝わる琵琶湖は現在でも様々な怪現象が見られるいわくある場所として知られている。

その中でも、滋賀県大津市と守山市を結ぶ全長1400mの琵琶湖大橋は湖面との高低差26mという高さに因り、たくさんの飛び降り自殺が起きている事から、橋の上でこの世の者でない人間の姿が目撃されている。それは同じタイプの人間でないので、たくさんの犠牲者がそれぞれ現れていると考えられる。そのような怪現象がなぜ起こり続けるのか考察していく中で、琵琶湖大橋の道路に要因があるのでは……。というのも、大津方面から向かっていく側の道路は、路面に特殊な溝を掘る事で、車がその部分を走る時に音を奏でるように細工をしているのだ。曲目は『琵琶湖周航の歌』であり、車が通過する度に旋律が流れていくのだが、その音に吸い寄せられるように霊が現れるのだろうか。幽霊が目撃される橋の展望スペースは特に曲が全体的に聴こえてくる部分であり、法定速度に合わせると曲テンポが物悲しく聴こえるような設定をしているので、通行量が多い時間に合わせてひっきり無しに流れてくるのだが、真夜中になると闇に響き渡る悲しみの音となって、湖底に沈んだ人々の霊が舞い上がってくるのかも知れない。それはまさに鎮魂歌でもあるのだろう。

音によって霊が現れる例として、筆者の知り合いが友人たちと琵琶湖までドライブに行った時に、車をとめて湖畔で景色を楽しんでいた。こちらから見て対岸にはネオンが浮かんでそれは美しかったという。そのうち、友人の中の一人が湖を見ながら『千の風になって』を歌いだした。それもオペラ調に誇張した歌い方で皆が爆笑したのだが、その友人は調子に乗る形でさらに大きな声で歌いだした。しばらく歌が続くと、あれだけ笑っていた皆が飽きてきたようで笑わなくなったのだが、それでも友人はまたさらに大きな声で歌い続け、そのまま湖に近づいていくではないか。しかも歌の一部分のフレーズだけを何度も何度も繰り返しながら、彼の異変に気づいた私の知人は歌いながら琵琶湖に向かう友人を背後から抱

き抱えて「お前！大丈夫か？」と声をかけるが友人は止めようともしないばかりか信じられないくらいの力で前に向かうので「こいつ変だ！来てくれ！」と助けを呼んだ。慌てて皆が走ってきて、やっと動きを止める事が出来た。勢いで浜に倒れてしまった友人はそれでもまだ歌い続けている。月明かりに照らされた彼の表情は白目を剥いて涎を垂らし、明らかに常軌を逸しているため、「しっかりしろ！」と頬を叩いたところ、一瞬にして普段の表情に戻り、そして号泣したのだという。正気になった彼は「ふざけて歌って、皆が笑うから調子に乗ったあたりから、信じられないような感情の高まりになり、そこから憶えていない」と泣いた。帰宅後に彼は念のため大病院で精密検査を受けたが何の異常も見当たらなかった。もちろん、正確な答えは分からないが、琵琶湖に漂う霊が歌によって来て、彼を湖底に引き込もうとしたという事も考えられるのではないだろうか。

その怪現象が起きた湖畔の近くには琵琶湖大橋が見えていたのである。

ちなみに橋の大津側の袂にはトンネルがあり、そこでは若い女性の幽霊が目撃されている。

（渡辺裕薫）

草津市某所 不快なノイズに溢れた部屋

カラオケボックス

今から十年ほど前、西崎さんは友達と三人で、カラオケに行くことにした。

入ったのは草津市を横断する国道沿いにある一軒のカラオケボックス。

主婦三人である。行ったのは平日の昼間。各部屋の扉は開け放たれ、他に客の姿は無い。彼女らが通されたのはパーティールームで、三人にしては広過ぎた。

早速、思い思いの曲を入れ、三人は歌い始めた。二曲目を歌い終わったところで、スピーカーから低いノイズ音がずっと聞こえていることに三人は気が付いた。

「何これ？　ハウリング？」

しかし、マイクを切っても、その音は止まない。

「歌の邪魔になるほどの大きさでもないし、気にしなくていいんじゃない？」

友人の提案に、三人はそのまま歌い続けることにした。ところが、その後二曲ほど歌い終わったところで、ノイズ音がやたらと気になり始めた。少しずつ大きくなってきているようだ。重低音に気分が悪くなる。他にも部屋は沢山空いているんだし、元々この部屋は広すぎて落ち着かなかったのだ。部屋を変えて貰おうと、フロントに電話して事情を説明すると、フロントはすぐに対応してくれ、その斜向かいの部屋に移動することになった。そちらは三人にちょうど良いくらいの広さだ。

「最初からこれくらいの部屋にしてくれてたら良かったのにね」

そんな話をしながら、三人はまた歌い始めた。

しかし、三曲ほど歌った辺りで、また例の低いノイズが響いていることに三人は気が付いた。歌っている間はさほど気にはならないが、曲が終わるとどうしても耳に付く。

「どうしよっか？　何だか耳障りよねえ」

「でもさっき部屋を移ったばかりだし、また変わるのもねえ」

せっかく落ち着いたのに、またフロントに電話して部屋を移動するのも面倒だ。西崎さん達は、ひとまずそこで歌い続けることにした。

更に二曲ほど歌った。曲が終わった途端にノイズが目立ち始める。歌っている時の盛り上がりが一気に萎える。次の曲が始まり、何とか盛り上がろうと躍起になるが、曲が終わった途端にまたあのノイズだ。三人は顔を見合わせた。

「やっぱり気になるよね？」

西崎さんがそう呟いた時だ。いきなりノイズが大きくなった。ボリュームのつまみを一気に最大まで回したように、部屋全体が鳴動する。それは中年の男が無理やり喉から絞り出したような低い唸り声だった。

三人は両手で耳を押さえて、転げるように部屋から飛び出した。

西崎さんが横を見ると、そこに男が立っていた。店員ではない。男はさっきまで西崎さんらがいたパーティールームにのっそりと入って行った。ゆっくり扉が閉まる。別の客だろうか。

それよりも自分たちの部屋である。完全に歌う気も失せてしまった三人は、もう店を出ることにした。だが、荷物も上着も室内に置いたままだ。部屋の中では、男の声がまだ響いているのが扉を閉めていても解る。恐る恐る扉を開けてみると、スピーカーから響いていた唸り声は、完全に絶叫へと変わっていた。

三人はフロントに向かい、状況を説明した。店員と一緒に部屋へと戻ってみると、もうあの声は止んでいた。

「もう大丈夫そうですよ」

あっけらかんと言う若い店員に少し腹が立った西崎さんだったが、言っても始まらないだろうし、早く店を出たかった。

帰り際、あのパーティールームを見ると、扉は開いていた。中を覗くと、綺麗に片付けられており、客が入った形跡はなかった。

店から出た後、西崎さんはその男のことを友達に聞いた。

「え？　そんな人、あそこにいたっけ？」

「私も全然気付かなかった」

二人からはそんな答えしか返ってこない。そこで西崎さんはあの男の容姿を詳しく説明しようとした。だが、どれだけ思い出そうとしても、記憶の中のあの男は真っ黒に塗り潰されたような印象しか浮かんでこない。ただ、背は高かったような気がする。頭の中で記憶を辿る。男の唸り声に部屋から飛び出して、ふと横を見る。そこにあるのは真っ黒いあの男の姿。背は高い。それが更に高く、大きくなっていき、頭が天井に届いてそこから……。

ぞっとして、それ以上考えるのを止めた。

そのカラオケボックスに幽霊が出るという噂を彼女が聞いたのは、それからしばらく経ってからのことだった。

（宇津呂鹿太郎）

シガイの森
ある日、森の中で
田園に佇む森

滋賀にある心霊スポットの中でも最も怖いといわれている森である。

滋賀だけでなく、日本全国に数ある中でも指折りといっても過言ではないだろう。

JR東海道本線の安土駅をおりて徒歩で約30分ほどの場所。広がる田園の中にポツリと小さな森があるので、かなり目立つ。正式には《新開（しんかい）の森》という名称らしいが、いつしか《シガイの森》という不気味な響きで呼ばれるようになった。

森の歴史は古く、安土といえば安土桃山時代の地であり、小高い山に優美でありながら要塞の役割を果たした《安土城》が築かれたことで知られている、まさに織田信長公のお膝元である。その印象からか、この森は信長公の治世に於ける刑場があった場所と噂されている。

史実でいうなら、森の裏手には小さな祠が存在しており、そこには《建部紹智》《大脇伝助》2名の名前が刻まれた《殉教碑》が置かれている。それは天正7年（1579年）に安土城下で起きた《安土宗論》といって……法華宗徒であった両名は説法をしていた浄土宗徒と議論をふっかけたことから騒動となり、その一件は信長公の知るところとなった。騒動の当該人物が城に呼び出され、信長公が公認とする上でお互いに議論をしたところ浄土宗が勝ったため、負けた法華宗が詫びの証文を書かされた上、《大脇伝助》が斬首された。もう一人の《建部紹智》は堺に逃亡していたが捕らえられて安土まで連行されて斬首となっている。この両名の処刑が行われたのが《シガイの森》だったのではといわれているのだ。また、信長公が城を留守にしている間に城を抜け出て城下で遊んでいた女中たちもこの森で斬首されたともいわれており、忌まわしい名前に至った経緯も理解出来る。

ただ、筆者はこの森を訪れてみて違和感をいだいた部分もある。小さな森に入ってすぐのところに『御旅所』と刻まれた石碑があったのだ。これは神社の祭礼で神が巡行の途中にお休みになられる場所のことで、そんな森で刑が執行されることは考えられにくく、または、かつてそのような処刑があった場所に造られるのも疑問である。

しかし、筆者が子供の頃に、地方の大学に下宿していた兄が夏休みに帰省した時に、兄の友人が兄と私の実家に訪ねて来たことがあった。兄の友人はサイクリングで野宿しながら遠出をするのが趣味で、夏休みを利用して日本の北から南へと自転車で旅する途中に立ち寄ったのだった。旅のいろんな話を聞かせてくれた兄の友人は気になる話をしてくれた。

彼の話では……滋賀県を自転車で走っていると田んぼの中に木が立ち並んで密集した部分が出てきて、人が管理してるような感じに見えたので、もしかしたら水道があるかなと思い、自転車を止めて中に入って行ったという。思っていた水道は無かったが、森の中は高い木々に太陽の光が遮られていてなんとも涼しく快適だったので森の中の石碑の前の地面に座り込んで休むことにした。喉の渇きと空腹もあり、リュックに入れて持ち歩いていた林檎を取り出してサバイバルナイフを使って小さく切りながら口に運んでいたが……突然、視線を感じた。その方向をふと見ると、竹が密集していて、その竹と竹の間から人の顔が覗いているではないか。身体もチラチラ見えるがかなり小柄なようだ。そのあまりの無表情さに一瞬ゾォッとしたが……地元の者ではない自分を不審者だと思って確認しに来たのかと冷静に考えると納得出来た。しかも、その視線の先は自分ではなくて、自分がいままさに林檎を切っている手元のサバイバルナイフだと確信した。そうか……こんなモノを使ってるから余計に怪しいのだろうと、相手に向かって笑顔で会釈したのだが、向こうは無表情なままだ。仕方無いので、こちらは満面の笑顔で相手の顔を見つめたのだが、その無表情な顔がいきなりすぅーと宙に上がっていった。更に驚いたのは身体はそのまま地面に立っていたことだ。生首が空に飛び上がっていたのだ。その瞬間、兄の友人は気を失っている。目覚めた時にはその人影は消えており、自分は地面に倒れ込むように寝ていたのだが、足元には切りかけの林檎が転がり、頭元にはサバイルナイフが転がっている……のではなく、地面に刺さっていたとのこと。

そんな話を聞いて憶えていたのだが、まさに《シガイの森》そのものだ。その場所で斬首されて残留思念として残っていた霊が刃物に反応して現れたのだろうか……。

（渡辺裕薫）

琵琶湖竹生島　相性のいいパワースポット

貴重な体験ができるアイランド

推しの怪談師が、琵琶湖の竹生島で手に入れた呪物の話をしていた。もともと怖い話が好きだったし、心霊スポットにもいつか行ってみたかった。琵琶湖は近いし、一人で出掛けてみることにしたのだ。

竹生島には、琵琶湖汽船というフェリーに乗って行く。所要時間は25分だ。雄大な琵琶湖は海のようだし、夏だったから太陽が降りそそいで気分がいい。風を楽しんでいるとあっという間に竹生島に着いた。

フェリー内で「竹生島　怖い話」で検索した。湖底から鎧を着た武者の身体が浮き上がってくるとか、龍神伝説があるとか、かわら投げで願いが叶うとかそんなことが書いてあり、幽霊や呪物の話、都市伝説などは出てこない。どうやら心霊スポットではなく、パワースポットだったらしい。まぁいい。初めて行く場所はいずれにせよ楽しみだ。意気揚々と竹生島に降り立った。

「祈りの階段」といわれる急な石段を上りきると、宝厳寺本堂に着く。国宝や重要文化財があるらしいが、特に興味もないので、時間をかけることはしなかった。都久夫須麻神社に向かう。竹生島には確かに神秘的な空気が流れている。一人だったせいかも知れないが、ぶらぶらと歩いていると時折鳥肌が立つのだ。急に焦るような気持ちになり、脚がむずむずしてくる。島がご神体で島のすべてに神が宿るといわれているそうだが、何となくそれが分かった。パワーを受けとっている気がした。

竹生島巡りは1時間ほど。怖いことなど何もなく普通に帰宅した。

それからというもの、本当に調子がいい。営業の成績は上がり、フラれた彼女も戻ってきた。居酒屋ではサービスされ、すれ違う犬にも懐かれる。身体が軽くて自然と笑顔になる。竹生島と相性がよかったのだろう。パワーを授かったのだ。

ただ、授かったパワーはいいものだけではなかったようだ。あれ以来、おかしなものが視える。竹生島で撮った写真にオーブを見つけたことを皮切りに、夜中目を覚ますと部屋に知らない女が立っていたり、飲み会の帰りに、道端でうずくまる血まみれの男を視たりするようになってしまった。はっきり視えるというか、そこにそういった「ものがいる」ということを脳が認識する感覚だ。でも、まぁ視えることは視える。

怖い話が好きで、色々聞いてきたが、パワースポットに行って霊感がついてしまってなんて話、自分が初めてだ。いいのか悪いのか分からない。

（桜木ピロコ）

多賀町某所
なぜか足が向いてしまう沈鬱な場所
廃墟で見たもの

柿本さんはいわゆる廃墟マニアである。廃墟マニアとは、純粋に廃墟そのものが好きで、各地の廃墟を巡るような人のことを言う。長年放置された人工物が、徐々に自然に侵食されていく様子と、そこに漂う退廃的で陰鬱な空気に惹かれるのかもしれない。

これまで柿本さんは趣味で様々な廃墟を巡り、カメラに収めてきた。そんな中で、これまでで一度だけ、奇妙な体験をしたという。

それは滋賀県多賀町にある廃屋に行った時のことだ。その物件は山間にあり、周囲を完全に木々で覆われていた。もちろんそこに人が暮らしていた頃は、そうではなかったのだろう。しかし住人がそこを去り、人々の記憶から忘れ去られて何年も経った今は、人が近付くのを拒むかのように、周囲を緑が覆い尽くしていた。

一軒の家としては、大きい方だ。大邸宅と言ってもいいかもしれない。柿本さんは、施錠されている玄関からではなく、リビングにある、ガラスが完全に割られた掃き出し窓から侵入した。

そこは、人が住むのを止めて長い年月が流れているとは思えない程、生活感に溢れていた。テレビやタンス、ダイニングテーブルなどの家具はもちろん、皿やコップ、衣類、その他様々な生活用具がそのまま残っている。窓にはカーテンが掛けられ、棚には書籍やキャラクターの置物などがきちんと並べられている。今にもそこの住人が部屋に入ってくるような、そんな感覚に囚われる。しかし、壁に掛けられたカレンダーは十数年前のものだ。上を見上げると、天井は剥がれ、雨漏りからくる真っ黒なカビが辺りに広がっていた。押し入れの箱の中から見つかった大量の写真アルバムは、かつてそこにあった住人たちの幸せな時代の克明な記録だ。住んでいた人たちは、もうここにはいないのだ。これほどの物を残して出て行ったということは、恐らく夜逃げだろう。どんな事情があったのかは知らないが、全ての物を残してこの家を去る時の住人の思いは如何ばかりのものなのか。

その空間の全てが物語る時の流れの虚しさに柿本さんは身を委ねた。

その瞬間を味わうこと、それこそが、柿本さんが廃墟に惹かれる理由だ。廃墟では、時の流れを見ることが出来るのだ。

柿本さんは郷愁と哀惜の念に満たされながら、廃屋の中をゆっくりと見て回った。

二階に上がる。最初に入ったのは、寝室として使われていたと思しき洋間だ。入った途端、異臭が鼻を突いた。それだけでその部屋には大体何があるのか想像が付いたが、念のため、鼻と口をハンカチで抑えながら、辺りを確認してみた。部屋の隅にはベッドが置かれている。上に敷かれた布団は乱れていた。その上に、臭いの元があった。猫の死骸だ。野良猫なのだろう、干からびかけてはいたが、まだ白骨化はしておらず、毛や肉も残っている。四肢をまっすぐに伸ばし、顔には苦悶の表情が浮かんでいるところを見ると、相当に苦しんで死んだことは想像に難くない。今にも断末魔の叫びが聞こえてきそうだ。

臭いも嫌だが、その死骸の様子が何よりも気味悪い。柿本さんは早々にその部屋から退散することにした。ところが、彼が部屋から出ようと踵を返した瞬間、彼の視野の隅で何かが動いた。思わずもう一度死骸の方に顔を向ける。やはり何かがくねくねと動いている。それは猫が死んでいるベッドの向こうにある三面鏡の鏡の中にいた。鏡にはベッドが映っている。ベッドの上には猫。しかし鏡に映る猫は生きていた。二本の後ろ足で立ち上がり、前足を動かしている。体を右に向けたり左に向けたりしながら、くねくねと腰を揺らして前足を上下させる動作を繰り返している、それは明らかに踊っていた。もちろんベッドの上にそんな猫はいない。そこに居る猫は先ほどと同じ姿勢で横たわっているのだ。しかし、鏡に映るそれは踊っている。くねくね、くねくねと体をくねらせながら。

驚いた柿本さんは、慌てて部屋から飛びだし、一気に階段を駆け下りて、表へと飛び出した。振り向くこともなく、一目散に車へと戻ると、その廃墟を後にしたのだった。

（宇津呂鹿太郎）

シガイの森　呪いの森

決して近づいてはいけない場所

滋賀県の近江八幡市にシガイの森と呼ばれる禁足地がある。

本当の名称は、新開《シンカイ》の《ノ》森《モリ》で、かつて刑場だった。

安土宗論と呼ばれる天正七年（一五七九年）に起こった浄土真宗派と法華宗の宗論の騒ぎを引き起こした、建部紹智と大脇伝助の両名が処刑され、晒し首になった場所がこの森だそうだ。

他にも織田信長の意に沿わない者や、城下で不埒な騒ぎを起こした者や、信長に関する不穏な噂を流した者たちの多くが、この森で処刑されたという。

中には、縛り付けられた罪人を錆びた鋸で数日ずつ首を切っていくという、残虐極まりない鋸挽きと呼ばれる処刑方法をこの森で行ったという話も伝わっている。

田んぼの真ん中で、こんもりと盛り上がって見える森にある木や竹を切ったり、雑草一本、小石一つでも持ち帰ると呪いや禍が降りかかると言われ、森の億から血まみれの首が睨む。

足を踏み入れると、体中に発疹が現れたり、風が無いのに森の木がざわざわと揺れ、痛い、痛いという声を聞くことがある。シガイの森の横を雨の日に通ると、血の匂いを感じますよ……と、この森のことを教えてくれた滋賀県に住む田口亮治さんが青ざめた顔で教えてくれた。

（田辺青蛙）

■近江市

蛇溝町のPA（上り）

そのパーキングエリアの女子トイレでは数々の心霊現象が起きている。洗面所には女の子の霊が現れる・誰もいないのに洗面所の水が突然流れる・洗面所の鏡を見ると背後を横切る人影が映り誰かが入ってきたのかと確認してみると個室のドアは全て開いていて人は誰もいない、などインターネットに多数書き込みがある。

■近江市

猪子町にある山

慰霊搭や墓があり、夜間は山一帯で心霊現象が多発するらしい。もっとも多い目撃情報が、その山にある観音像の近くに女性の霊が現れる、というものである。

■近江八幡市

浅小井町にある森

あたり一面畑ばかりの場所にポツンと取り残された森。森の木を切ると呪われるという言い伝えがあるため木を伐採することができないらしい。古くは織田信長が処刑に使用していた処刑場のあった場所である。城を抜け出し城下で遊んでいた女中たちを全員処刑したという逸話が残されており、その骨が今も地中深くに眠っているという。この森に入るとどこからともなく視線を感じるという体験談が多数ある。

■大津市

琵琶湖大橋

日本最大の湖である琵琶湖。そこにかかる全長1400メートルの琵琶湖大橋は、観光と交通手段のために1964年に開通したが、飛び込み自殺が多く、いつしか心霊スポットになってしまった。橋の上から琵琶湖を見下ろすと、自殺者の霊に引きずり込まれるという噂がある。橋の下には歩行者用のトンネルがあるが、そこでは女性の幽霊が頻繁に目撃されている。お盆の時期に琵琶湖で泳いではいけないというのは滋賀県民の間では暗黙の了解となっていて、この時期に泳ぐと水死した亡霊に足を引っ張られて溺れてしまうそうである。実。

際に、「なぜこんなところで溺れたのだろうか」と思うような場所で亡くなった人も多い、とインターネットに書き込まれている。

木の岡町のホテル

そのホテルには四つ扉がある。そのうち一つだけ部屋に直接入ることのできる扉があり、その部屋で心霊現象が多発している。その部屋の奥にあるベッドルームに入ると、首が熱くなり手足が震え寒気が走ると多数報告がある。この周辺の店舗は経営難で経営者がよく変わるが、この廃ホテルとなにか関係があるのかもしれない、とインターネットに書き込まれている。また、カビの悪臭がひどいため、ホテルを探索する際はマスクが必須であるとのこと。

坂本本町の居《こ》士《じ》林《りん》齋食道場の魑《ち》魅《み》魍《もう》魎《りょう》狩《かり》籠《ごめ》の丘

通称狩籠の丘。比叡山四大魔所の一つで、その昔、伝教大師最澄が都に跋扈《ばっこ》する魔物をこの地に封印したと伝えられている。延暦寺東塔から奥比叡ドライブウェイを一キロほど北に行った、西塔釈迦堂の近くにある。円錐状の石が約9メートル間隔で3つ置かれ、正三角形を形成している。伝説によれば、最澄は都の南東に跋扈していた魑魅魍魎を追いつめ、鬼門（北東）のこの地に封印したという。この三角形に配置された石の中心に魔物が封印されているそうである。しかし延暦寺が公式に認めているのは三大魔所（天梯権現祠、慈忍和尚廟、元三大師御廟）のみで、狩籠の丘は含まれていない。なぜ公式には認められていないのかというと、狩籠の丘はガチで危険なためむやみに近づくべき場所ではないためらしい。千日回峰行を行う僧侶はここを通る際は提灯のロウソクを取り換え、古いロウソクを石の横に立てて法華経を唱えるようにしているとのこと。この場所でロウソクの火が消えた際に魔物の姿を見た僧がいて、結界を守るためこのような儀式を行っている、とインターネットには書き込まれている。

音羽台の某団地

この団地の外観の写真を撮ると顔が写ることがしばしばあるといわれている。写る顔は男であったり女であったり色々とのこと。この噂が出始めたのは、２０１７

年ころ地元の小学生が何気なく団地の写真を撮ったところ、窓に顔らしきものが写ったのが発端。その後、団地敷地内に侵入する心霊マニアが増え騒動が大きくなったため、現在入口は閉鎖されている。ただ、建物自体は残っており、写真などは撮影できる状態になっているとインターネットに書き込まれている。

相模町のゴルフ場近くの線路

ここに打ちっ放しのゴルフ場が出来る前は、紡績の工場と社宅があったそうだ。集団就職で大勢の若い女性が働いていたが、劣悪な労働環境から、線路に飛び込み自殺をする者が後を絶たなかったらしい。その霊が今でも線路内を彷徨っている、とインターネットに書き込まれている。

県道109号線のT山

動物霊がいるようで、ある人は動物の白い影を数匹見たそうである。またその山にあるYダムに行くと引っ張られる感覚がある、とインターネットに書き込まれている。

■蒲生郡

日野町の某ダム

もののけ姫に出てくるこだまの音がいたるところから聞こえてくるらしい。ある人が探索に出かけたところ、結局何も見つからなかったが、帰り道、反対車線に髪の長い女性が立っているのが見えたそうである。

■草津市

南草津の某駅

その駅では人身事故が多発している。霊感のある人が言うには、精神的に弱っている人を、幽霊があの世に引きずり込んでいるらしい。深夜、駅のホームに飛び込み自殺で亡くなった人の幽霊と思われる十人くらいの人影が見え、駅のホームから線路内に人を引きずり込んでいるのを目撃した人がいる、とインターネットに書き込まれている。

追分の某公園

昔、恋人に浮気されショックのあまり自殺した女性の霊が出る。その霊が、深夜通りかかった男性を襲うらしい、とインターネットに書き込まれている。

■甲賀市

信楽町の多羅尾処刑場跡

徳川家康が天下を統一した時代、代官所の処刑場があった場所である。ある人がこの場所で友人たちと肝試しをしていたところ、下からガサガサと音がしたので自分の足元を見ると、すぐ後ろに甲冑をつけた足だけが見えたという体験談がある。ほかにも、処刑により命を落とした首のない霊が現れる、帰り道に事故を起こす、停めていた車に無数の手形がつくなどの噂がある。さらに奥まで進むと帰ってこられなくなる、とインターネットに書き込まれている。

信楽高原鐵道列車正面衝突事故現場

この場所で1991年5月に列車の正面衝突事故があり、合計42人の死者が出た。それからというもの夜中に一人でこの付近に車で行くと、帰る際バックミラーに必ず女性の霊が映るといわれている。また、走行中の列車の写真を正面から撮影すると、運転席に霊が写り込んでいるらしい。

土山町のAダム

心霊スポットとして有名な場所。ワンピースを着た女性の霊が出る、霊感がなくても頭痛や眩暈などの症状が出るなどのエピソードが多数あり。

土山町の神社

＊俳優の寺島進の体験談＊

寺島進が若かりし頃、バイクで全国を旅していた。四国をバイクで巡るため東京からバイクを走らせていたとき、途中滋賀県でこの神社を見つけ、そこで軒下を借り仮眠をとることにした。疲れていたのにも関わらずなかなか眠れない中、ふと人気を感じ振り返ったところ、母親らしき女性と手をつないだ子供の霊が立っていた。これは夢だ夢に違いないと自分に言い聞かせ、無理に寝ようとしたがなかなか寝付けない。そのうち背後から女が近づいてきて、寺島の背中にそっと手を置いたという。どれくらい時間が経っただろうか、もう一度親子のいた方向を見てみたところ、既に親子の幽霊は姿を消していたとのことである。

■湖南市

三雲の某トンネル

正確にはそのトンネルではなく、その手前にある公衆電話ボックスが心霊スポットである。数々の心霊現象が目撃されていて、夜中に公衆電話を使うと長髪の女性が近寄ってくる・この場所で写真を撮るとかなりの高確率で心霊写真が撮れる・手や顔のようなものが空間に突然現れる・午前2時に三雲トンネル内を走行すると後ろから老婆が物凄い速さで車を追い抜いていき、追い抜いた直後に振り返って運転手を見てニヤッと笑う……など、インターネットに多数書き込みがある。

三雲の某遊園地跡

遊園地の廃墟。1970年頃に開園したが交通の便が悪いためか客足が伸びず、1985年に閉園。当初は遊具などそのまま残されていたが、無許可で入り込む人が増えたため、所有会社が危険と判断し遊具は全て撤去された。現在は一部の建物だけが残っている。ここのトイレで写真を撮影すると、心霊写真やオーブが撮れるらしい。

■高島市

琵琶湖

日本最大の湖であり、心霊現象が多発する場所でもある。特に竹生島周辺での発生頻度が高い。滋賀県民の間では有名であるが、竹生島周辺で漁はしないほうがいいといわれている。何年も前に亡くなった人の遺体が網にかかることが理由のひとつである。また、琵琶湖では夏に水難事故が急増する。それも「なぜこんなところで?」というような場所で亡くなる人が多い。大昔に死んだ落武者の霊や、ここで飛び込み自殺をした人たちの霊が、泳ぎにきた人の足を掴み、湖底に引き摺り込むためらしい。特に琵琶湖大橋周辺で事故が多発しているとインターネットには書き込まれている。

今津町の某自然の家

裏手にある森に行くと霊にとりつかれ、とりつかれた人の片脚にくっきりと誰かにつかまれたような手形がつく、とインターネットに書き込まれている。

マキノ町のトンネル

このトンネルを通過すると車に手形が付着することがある。また、車のライトが突然消えた、侍の亡霊が出る、などの噂がインターネットに書き込まれている。

勝野の乙女ヶ池（真珠池）

万葉時代、乙女ヶ池は「香取の海」と呼ばれ琵琶湖の入江であった。その後戦国時代に突入し、織田信長の命により大溝城が築城され、池は大溝城の外堀の役割を果たしていた。そして昭和30年代、淡水真珠の養殖場として利用されていた時期があり、この時に乙女ヶ池、通称：真珠池と命名されたという。心霊スポットとして有名な場所であるが、戦国時代に建てられた大溝城に関係しているといわれている。この城は織田信長の甥である信澄の居城だったが、信澄は明智光秀の娘婿だったため、本能寺の変の後に殺害されたそうである。その時の戦乱で、乙女ヶ池には死体がたくさん浮かんだという話である。昼間でもどことなく不気味な雰囲気が漂い夜は落武者の霊が出る、とインターネットに書き込まれている。

■長浜市

高月町の西野水道の放水路

水害で亡くなった人の霊が出るといわれている。この地区を流れる余呉川は、大雨の度に氾濫を起こし流域の集落に甚大な被害をもたらしていた。そんな窮状を見かね、僧の恵荘上人が放水路を開削し、弘化二年（１８４５）に完成させた。その後昭和25年と昭和60年にも新しい放水路が造られ、現在初代の放水路は滋賀県指定文化財になっている。放水路付近での心霊現象が多く、放水路の中に入ると頭痛がする、頭がふらふらするという体験談が数多く報告されている。また放水路近くでキャンプをしていた人が、誰もいないはずの夜中にテントの周りを歩く足音を聞いた、とインターネットに書き込まれている。

木之本町の鉱山跡

鉱山施設の壁についた茶色のシミが血のような赤い色で、まるで惨殺後のような写真が撮れる、とインターネットに書き込まれている。

野村町の姉川古戦場

織田信長・徳川家康の連合軍と、浅井長政・朝倉景健の連合軍との戦いが、1570年の姉川の戦いである。最も激しい戦いとなったのが野村橋付近で、姉川のこの橋のたもと付近は、両軍の犠牲者の流れた血で真っ赤に染まったという話が残っている。そのためか、この橋のたもとでは事故や事件が多く、そのほとんどが首が関係しているとインターネットには書き込まれている。

三田町の血原公園

姉川の戦いで最も戦死者が出た激戦地。多くの戦死者の血で染まったため血原と呼ばれるようになった。姉川の戦いで戦死した武将達の霊が出る、とインターネットに書き込まれている。

下之郷町の踏切

2011年9月17日夕方、JR北陸線虎姫～長浜間で新快速電車が非常ブレーキをかけて停車した。ブレーキをかけたのは、運転士が線路内に人影を見たためだが、現場に人はいなかった。電車にも線路にも異変は見つからなかった。また、17日午後4時27分ごろ、近江塩津発播州赤穂行き新快速が虎姫駅を発車して時速約100キロで長浜へ向けて走行中、運転手が人影を発見し、長沢踏切を過ぎたあたりで停車した。運転士は、線路左側に男性らしい人が立っていて、非常ブレーキをかけたが間に合わず、電車の左前角付近にぶつかったと報告した。長浜署が車体や線路などを調べたが、へこみや血痕などは結局見つからず、遺体もなかった。ちなみに、虎姫～長浜駅間は飛び込み自殺が多い区間である、とインターネットには書き込まれている。

木之本町のSトンネルの旧道にあるトンネル

ある人が、そのトンネルの近くで道を間違え旧道に入ってしまった。旧道のトンネル内を走っていると、女性が立っているのが見えた。こんなところに人が立っているはずはないと思い直感的に幽霊だと察しました。すると突然どこからか「何でこの道を？　Sトンネルを通ったほうが安全なのに」という声が聞こえてきたらしい、とインターネットに書き込まれている。

■東近江市

蒲生寺町のO団地跡

現在は廃墟となっていて、心霊スポットとして有名である。この団地では昔、集団失踪事件があった。その事件が起きたとき、住宅内には荷物や洗濯物がそのまま放置されていて、部屋の壁にはアイドルのポスター、机の上には作りかけのパズル、そして食卓には食事の準備中だったと思われる食器が並べられていたという。引っ越しでないことは明らかで、神隠しにあったのではないかと噂されていた。ところが、誰もいなくなったはずのこの団地に1人だけ住人が残っていた。服部さんと呼ばれる人物で、O団地を訪れる探索者に日本刀で襲いかかり、肝試しに訪れた大学生が切り付けられたらしい。その恐ろしい行動から服部さんはこの団地に潜む悪霊だったのではないか、とインターネットに書き込まれている。その後、団地は取り壊され、服部さんがどうなったのかは不明である。

■彦根市

古沢町のトンネル

心霊マニアの中では有名な場所であるが、訪れる人は少ない。というのも道が整備されておらず、森の道中には長年放置された車があり、青木ヶ原樹海のような状態である。さらに蜘蛛や蚊や蜂などの虫があちらこちらにいる上に、獣道からはどんな動物が出てくるかもわからない。そんな場所にある心霊スポットなので肝試しには不向きであり、ガチの心霊マニアのためのスポットといえる。心霊マニアに好まれるもう一つの理由は、心霊写真が高確率で撮れるためである。トンネルの内部やその周辺をなんとなく撮っただけでなんらかのモノが写るとのこと。近づく人が少ないため心霊情報は多くはないが、トンネル入り口付近に首の折れた男性の霊が出る、とインターネットに書き込まれている。

平田町の某公園

M山の上にある公園。現在公園の駐車場がある辺りに以前火葬場があったため、霊が出るという噂がある。特に駐車場にある公衆トイレ付近での目撃情報が多い。また、写真を撮ると白いオーブが写り込んだり、火の玉の目撃情報などもよく聞くらしい。整備された公園であるが、霊感がある人が近くを通ると、近づいてはいけないようななんとも言えない嫌な気配を感じることが多い、とインターネットに書き込まれている。

■彦根市

三津屋町の沼

荒神山のふもとにある沼であるが、以下のような変死事件が後を絶たない。宇治の短大生が水死体で発見・小学生が溺死・釣り人が発作後に沼の中で溺死・沼の横の道路でバイクが曲がりきれず激突死、などなど。江戸のころ、ここに大きな集落があったが、川の氾濫で水没し、沼ができたらしい。今でも沼底には集落跡があり、死者が沼底から呼び込むために事故が多い、とインターネットに書き込まれている。

国道八号線の某トンネル

そのトンネルの側に、歩行者・自転車専用のトンネルがある。事件や事故があったのかは不明だが心霊スポットとして有名な場所であり、心霊現象が数多く報告されている。トンネル内を歩いていると足音が近づいてくる、壁に人の顔をしたシミがある、赤ちゃんの泣き声が聞こえる、などである。

■米原市

県道509号線の某トンネル

昭和八年開通。薄暗い光が中を照らし、不気味な空気のトンネルである。幅も極端に狭く対向車となんとかすれ違うことができるくらいで、大型車が通るときは通り過ぎるのを待つしかない。自転車や歩行者にとっては非常に危険なトンネルである。このトンネルを抜けると、その先には急カーブや勾配のキツい坂があり、そこでは交通事故が多発。

ある時、交通事故を起こした運転手が、亡くなってしまった乗客の遺体を隠す事件が起きたらしい。その日から女性の霊が現れるようになり、そのトンネルを通る車にいつのまにか乗り込んでいるという心霊体験が増えている。霊感の強い人はトンネルに近づくことすらもできないといわれるほどの心霊スポットらしい。2016年にそのトンネルは封鎖、新しいトンネルが開通した。

某踏切近くの墓地

米原駅の北東、善光寺踏切を渡った先の森の中に墓地があり、この墓地には女の霊が出るらしい。踏切の脇には地蔵もあり、夜中は不気味な雰囲気の場所である。近くには「岩脇蒸気機関車避難壕」という戦時中に作られた地下壕もある。米原駅は東海道本線と北陸本線の分岐点で、軍需物資を運搬するうえでも重要な拠点なので、空襲から機関車を守るために作られたものだとインターネットに書き込まれている。

池下の三島池

米原市池下にある貯水池。佐々木秀義の乳母、比夜叉御前の人柱伝説が有名である。池のほとりに三島神社があり、真夜中に神社の階段の前で三島池の方を振り返ると、池の水面に女の霊が立っているのだという。また階段を上るにつれ、この女の霊は近づいてくるともいわれている、とインターネットには書き込まれている。

人柱伝説とは？

平安時代の末期、佐々木秀義がこの地の領主であった時、旱魃《かんばつ》に見舞われ三島池の水が干上がってしまった。祈祷師に祈祷を依頼したところ、人柱を立てれば水が枯れることはなくなる、とのお告げを受けた。ある日、秀義の乳母の比夜叉御前が機《はた》を織っていると、偶然村人が人柱の話をしているのが耳に入った。これを聞いた比夜叉御前はその日の夜、機をもったまま人知れず池に身を投げ、自ら人柱となった。

これ以来池の水が枯れることはなく、今でも小雨が降る夜は池の中から機織《はたおり》の音が聞こえるそうである。

和歌山県の怖い街

和歌山県の怖い噂

和歌山市某所

人形との再会

母娘の不調の元凶なのか…

目のあるものは飾らないといけない。目のあるものをしまい込んでいてはいけない。祖母からそうきかされていたが、古い藤娘は、とても場所をとる。私が大学生になった頃に、人形の類は、すべて物置にしまうことになったのだ。私も母もそのことについて、深く考えてはいなかった。

初めに、身体に変調をきたしたのは、母のほうだった。不正出血が続き、婦人科で検査を受けると子宮ガンだということが分かった。幸い発見がはやく大事には至らなかった。手術のために入院しているとき、母がおかしなことをいってきた。「あのさ。藤娘しまったの覚えてる？あれ、また出して飾ってくれないかな。実はね、不正出血が始まった頃から、夜になるとあの人形が出てくるのよ。眠ってると悲しそうな顔をして頭のところに出てくる。あの人形ってちょっと俯いてるじゃない。上目遣いで何かいいた気に出てくるから気持ち悪いのよ」信じたわけではないが、それで気が済むならと、またリビングに藤娘を飾ることにした。母の手術も無事終わり、しばらくは私も母も元気に暮らしていた。

私が24歳のとき、一人暮らしをすることになった。いるものといらないものを選別する流れで、藤娘はまた、物置にしまわれることになった。すると、今度具合が悪くなったのは私だ。急に生理が重くなり、下腹のあたりが痛む。その頃になると、母からきかされたことと同じことが起こるようになった。眠っていると、藤娘が恨めしそうに上目遣いで私を見てくるのだ。いまだに夢なのか現実なのかよく分からないのだが、大概は目を開けると頭のあたりに藤娘がいる。一度などは人形の巨大な顔が天井一杯に広がっていたことがあった。これは、本当にダメだ。このままでは、私もガンになってしまう。あの人形、意志があるんだ。そう判断して、私は藤娘を和歌山県にある有名な人形供養の神社に持って行くことにした。人形を納めると、私の体調はよくなった。それが今から4年前のことだ。

コロナが落ち着いてきて、そろそろ旅行をとなってきたので、その人形供養の神社に行くことにした。あのことは、命にかかわる一大事だったたし、怖ろしい体験だった。それを納めてくれた神社にお礼をいわなくてはならない。母と二人で出掛けた。

神社にはおびただしい数の日本人形が置かれている。雛人形や陶器の人形、花嫁人形に、動物のかたちをした人形。あらゆる人形がところ狭しと置いてある。そのとき、私は気づいてしまった。4年前に納めたあの藤娘がいたのだ。たくさんの人形の中、分かってしまった。顔のつくり、着物の色。間違いなくあの藤娘だ。何年も前に納めたいわくつきの人形がまだ、処分されずに残っているなんてことがあるのだろうか。ましてやそれを見つけてしまうなんて。驚きと恐怖で、母には何もいえなかった。

後日、関西出身の女友達にこの話をしたら「あの神社に納めた人形には会いに行っちゃいけないんだよ。会いにいって、同じ人形見つけると呪われるっていわれてるんだよ」と青い顔をされた。

私は呪われてしまったのだろうか。怖くて仕方ない。

（桜木ピロコ）

秋葉山公園　霊の通り道

歴史を携えて集まってくる場所

ＪＲ紀三井寺駅から歩いて40分の場所に標高73ｍの小高い山がある。これは《秋葉山》といい現在は山頂に公園やプールなどがある市民が集う場所となっているが、戦国時代にはかつて《弥勒寺》という一向宗（浄土真宗）の寺が存在し、紀伊国（現在の和歌山県）における一向宗の中心地であると同時に日本最強の鉄砲集団といわれた《雑賀衆》の地でもあった。紀州を知り尽くしている彼らは海を使った海運や貿易にも着手して、集団としての力を大きくしつつあった。

そして、寺のある秋葉山に山城（やまじろ）を築いて本陣とした彼らこそが熱心な教徒であり、織田信長と対立していた石山本願寺の守りの要となっていたのである。それゆえに本願寺を攻めた織田の軍勢は雑賀衆の優秀な鉄砲隊によって撃退されたことで苦戦を強いられていたのだ。怒りに打ち震えた信長は天正5年（１５７７年）に雑賀衆の山城を10万といわれる大軍で攻め入った。応戦する雑賀衆ではあったが、幾ら戦闘能力に長けている彼らでも信長の10万という軍勢はあまりにも多く、防戦するも敗北してしまう。勝ち名乗りをあげて、容赦無い織田軍の兵士は女子供も含めて1万人を惨殺したといわれている。辺りは全て焼き尽くされ、惨殺された遺体の一部は池に投げ捨てられたのだ。

そんな歴史の闇も時間の経過、時代の変換によって忘れさられていた。勝者を中心にその功績のみが伝えられるという歴史が辿る哀しい部分でもあった。

その後、秋葉山一帯が1938年に公共物として解放されて和歌山市が公園と認定して以降、子供の遊び場となっていったが、山の真ん中辺りにあった《御坊池》と呼ばれた古池で遊ぶ子供達に「あそこで遊んだらあかん。池に引きずり込まれるぞ。」と叱っていた大人もいたという。当時から池の周辺で何らかの怪現象が起きていたと推測されている。

そして、昭和40年頃に池の部分に県民水泳場を建設する工事が行われるにあたって掘削していると……池の底から1000体の人骨が見つかった。それは子供の骨と思われるのも含まれており、矢と刀なども一緒に掘り起こされた。まさに織田軍がこの地に攻め入って雑賀衆に行った大量殺戮の証であった。だが、そうした事実が明るみに出るまではこの場所でかつて起きた歴史は完全に封印されていたのだ。

この発掘を期に眠っていた霊が目を覚ましたのか、その後、山中で彷徨う複数の血まみれの武士が目撃されるようになったというが、池があった頃も当時の大人達の一部は同じような怪現象を体験していたのかも知れない。だから、子供達が周辺で遊ぶことを良しとしなかったのだろう。

昼間は景色の良い山の公園であるが、夜になって筆者は訪れている。街灯はほぼ無く、懐中電灯を頼りに山に登っていくのだが、周りからの圧力のようなのを感じた。山隙あらば取り囲まれるかのような独特な空気のなか、山頂近くまで向かい下山したが、迫り来る背後の闇に押されるように恐怖心を抱いて走って降りたものである。

実は車通りの多い道路から秋葉山に入る直前に【秋葉山隧道】というトンネルを抜けていくのだが、此処は女性の幽霊が現れるといわれている。時代がかった姿では無く、現代の女性のようだ。秋葉山の歴史を考えれば、幽霊がなぜ現代の女性なのか甚だ疑問が生じるが、おそらくこの山を背後にしたトンネルが霊の通り道のようになり、界隈に漂う霊を呼び集めたのではともいわれている……。

（渡辺裕薫）

なぎ公園

人気のSLが見てきた人々の歴史　SLからはじまる目撃談

JRきのくに線の湯浅駅を降りるとそこは『お醤油の町』として有名な場所である。

そこから徒歩約15分、途中に葬儀場を通り過ぎて進んでいくと公園が現れる。湯浅港の近くにある《なぎ公園》は施工が昭和52年10月というから四十五年の歴史を刻んでいる。

園内にはブランコはもちろんのこと、バスケットゴール、アスレチック遊具、石造りの飛行機など…あらゆる公園の定番が設置されて、小さな発表会が可能なステージもあるのだが、なんと……駅のホームを施した建物に併せて実物のＳＬが展示されていたのだった。お世辞にもそんなに大きな敷地とはいない公園であるが、都会の公園以上に呼びモノが置かれていて、ＳＬ観たさに往時はたくさんの人々が訪れたようだ。

ところが、そんな公園がいつしか心霊スポットと認識されるようになっていくのだった。

そのきっかけは園内で自殺が起きた事に端を発している。しかし、この真偽はさだかではない。そういう噂が語られるようになると園内のあちらこちらで怪現象が目撃されるようになった。

「ＳＬに近づくと頭痛がして気分が悪くなった」「ＳＬのあたりで半透明の髪の長い女性が立っていた」とまずは展示されているＳＬに関するのが始まりだったという。このＳＬに関してはＤ５１である事だけは分かるものの、プレートは外されているために型番などの情報は明らかでなく、ましてや怪現象との因果関係は不明である。

その後、園内のステージ近く、トイレの前、設置された電話ボックスの中に女性が目撃されるようになっていく。

そして、今度は石造りの飛行機のあたりで小さな男の子の幽霊が目撃される。これには一説あり…近所に飛行機が好きな男の子がいたが小学校への入学前に亡くなってしまった。公園が施工される時に飛行機の存在を知った男の子の両親が役所にお願いして飛行機に子供の名前を使って『とおる号』となったともいわれている。だから、側に現れる幽霊はその男の子ではないだろうか。

そのような怪現象が起きる理由の一つに公園内に慰霊碑が建立されている事も繋げて考えられている。紀伊水道の一部でもある湯浅湾は別名《なぎ湾》とも呼ばれて古来から漁場として人々の食生活を支えてきたが、その命を育むために水揚げされてきた魚貝の霊を供養するとともに水産業の発展を祈願するものとして建てられたのだ。

これは仮のお話ではあるが、そんな聖域でもある公園で自ら命を絶つ者がいたとしたら……結界の如くバランスが崩れる事が生じ、様々な霊を呼び寄せるに至ったのではないだろうか。

件のSLであるが、長年の潮風にさらされた事から錆が酷く、置かれていた公園の北部分の土地が民間に売買された事を期に現在では撤去されている。

筆者が現地に訪れた時は工事中であり、既にSLの姿は無かったが、夕陽が沈む頃には昼間の様子と打って変わった独特な空気に包まれるように感じたのである。

（渡辺裕薫）

旧由良トンネル
寂れた隧道の過去
白バイライダー

和歌山県全体地図の中心部に位置する日高郡。その中の6つの町の1つである日高町には和歌山で一番の最恐スポットと呼ばれている《旧由良トンネル》がある。

歴史を紐解くと、江戸の時代には由良地方であるこの地から他へと向かう主要道というのが無かった。明治に入ると由良地方にやっと主要道といえる道路が完成する。明治十二年頃に熊野街道が県道に認定されたものの、この辺りは郡境にまたがる山の急勾配によって、人や牛車などの往来が困難であった事から、道を根本的に付け替える事で由良回りの県道として完成されたのが明治二十二年の事であった。当時、村内を通っていた道路に比べるとかなりの規模であったことも、開通により由良地方の交通体系に大きな影響を与えたようである。

その時に山を手掘りによって造られたのが《旧由良トンネル》であった。これもまた莫大な予算と人手を要したため、地元の商家が私財を投じたり、ある者は労働力としての協力をし、それでも足りない労力は囚人を動員したともいわれている。その甲斐あって明治21年に町から町へと峠を迂回せずとも抜ける事が出来る全長138・4mの……正式には《由良洞隧道》が貫通した。人力だった時代にあって、かなり早い作業期間であった事からも人々の期待がいかに大きかったかがうかがい知れる。

しかし、隧道までの道のりとしては長距離に渡っての急斜面となる峠を上がっていかないといけない事から、他の町から来て通過する人々にとってはかなり厳しい遠回りとなったため、その経路を選ぶ人は思ったより多く無かった。そして、明治四十三年には山の更に下に貫通した新しい隧道を伴う県道に取って替わられてしまった。その後、《由良洞隧道》は地元民には根強く使用されていたのだが、昭和四十年の国道開通で通行量は激減してしまい、現在は通行する人は殆どいない。

そんな《由良洞隧道》を筆者は訪れた。

此処はトンネル内でバイクに跨った《首無しライダー》が目撃されているようだ。これは全国の心霊トンネルでよくいわれている事象なのだが…。ただ、《由良洞隧道》が他所とは大きく異なるのは、トンネルに向かう峠のふもとに慰霊碑が建立されており、それは昭和44年2月9日の真夜中に交通事故処理に駆けつけた2人の白バイ警官に居眠り運転の車が突っ込んで来て亡くなった事への殉職者慰霊碑である。トンネルで目撃される《首無しライダー》とは殉職した警官だともいわれている。

トンネルを歩いていると前方から音も無くすぅーっと滑り込んでくるように迫ってくるバイクに跨っている人も全てが黒い影のように見えるともいわれているのだが…そのシルエットには頭部が欠如しているようだ。職務中に亡くなった事を気づかずに生前のようにパトロールを続けているのだろうか。

山の中を通る隧道はともすれば霊道のような役割となり、辺りを彷徨う霊も集まるのか…トンネル内をふらふらと歩く若い女性の姿も目撃されている。この女性とすれ違うとこちらの身体が金縛りの状態となり、女性はふらふらとした足取りのまますり抜けていくといわれている。

このトンネルを通過する人が少なくなったのは単なる利便性だけが要因ではないのでは…。


（渡辺裕薫）

高野山　山の夜
何かが彷徨う世界遺産の地

高野山は千二百年前に弘法大師空海が開いた真言密教の聖地として、全国的に有名である。二〇〇四年にはこの高野山を含む広大な歴史的、宗教的背景を持つ地域がユネスコの世界遺産に登録された。それもあり、現在でも多くの観光客が訪れる人気のスポットだ。

さて、この高野山はそれ全体が金剛峯寺という寺院であり、その敷地内には百十七もの寺院が立ち並んでいる。このような場所は全国的に見ても他にはない。その所為もあるのか、この地で怪異な体験をした人は後を絶たない。

例えば、向田さんという女性の体験である。

現在二十代の向田さんは、よく家族旅行に行くという。高野山も大好きな場所で、これまでも何度か訪れたそうだ。高野山の豊かな自然と、その中に築かれた宗教建築の美しさ、そしてそれらが醸し出す荘厳な空気に惹かれるのだ。

ある時、高野山を家族で訪れた向田さんは、夜、お母さんと二人で宿坊を抜け出した。夜の高野山に触れてみたいと思ったからである。

懐中電灯片手にあちこち巡るうち、奥の院に辿り着いた。そこは壇上伽藍と並ぶ高野山の二大聖地の一つであり、お大師様が入定されている場所でもある。

その入口手前のところに祭壇があり、そのすぐ横にはそこに供えるための蝋燭と線香も売られている。人はいない。蝋燭と線香が置かれた横にはお金を入れる箱がある。ここは昼間でも販売係はいないのだろう。いわゆる無人販売所というやつだ。お金を入れる箱の上には大きな手書き文字で「蝋燭、線香、一束五百円」と書かれていた。

五百円とは少々高いような気もするが、せっかく来たのだ。ご利益もあるだろう。向田さん親子はそんな話をしながらも、箱に千円を入れ、蝋燭と線香を一束ずつ買った。それぞれに火をつけてお供えし、手を合わせる。そうして、来た道を引き返して宿坊に戻った。

翌日、明るくなってから、もう一度奥の院に行って見た。するとあの無人販売所にはこう書かれていた。

「蝋燭、線香、一束五十円」

それを見て、向田さん親子は顔を見合わせた。昨夜は確かに「五百円」と書かれていたのだ。高いねなどと話し合いながら、二人で何度も見直したのだから間違いない。しかし昼と夜とで値段が変わるはずもない。

「夜だったし、何かに化かされたのかな？」

向田さんは今でも不思議に思っている。

また、こんな体験をした人もいる。外園さんという女性だ。

彼女が通っていた大学では、文化系のクラブを束ねる文化局というのがある。運営するのは各クラブから選出された部員達。文化局では毎春、各クラブのその年の新入部員を引き連れて、一泊二日で高野山に赴く。泊まるのは宿坊だ。参加した新入部員は徹底的にしごかれ、散々な目に遭うのだが、それを通して、部を超えた文化局としての連帯が育まれるという訳だ。

落語研究部に入った彼女が高野山を訪れたのはその時が初めてである。高い木々が密集する中、まっすぐと伸びる石畳、そこに降り注ぐ木漏れ日、その奥には荘厳な宗教建築、その幻想的な光景に息を飲んだ。

ただ、その風景のそこかしこに、奇妙な影が見え隠れするのに気が付いた。視線を動かすと一瞬何か白いものが目に映るのだ。何だろうと思って慌ててそちらに目をやっても、もうそこには何もない。そんなことが度々あり、まるで何者かに監視されているようだった。

やがて夜になった。夕食、入浴の後、部員達は全員、暗いお堂の中に呼び出された。そこには文化局の幹部連中が揃っており、正座をさせられた上に、その日一日の彼らの行動について、ネチネチと長時間にわたって責められ続けるのだ。幹部らの言い分はどれも理不尽なものであり、それに加えて板張りの床の上での正座があまりに辛かった。

彼女が必死に歯を食いしばって足の痺れと膝の痛みに耐えていると、また視野の隅に白いものが横切るのが見えた。見ると、髪の長い女が五人、お堂の隅を奥へと向かって移動していくところだ。五人は皆腰が曲がっているので、年寄りなのかもしれない。全体的にぼんやりと白っぽく見えるのは白い着物を着ていたからなのだろうか。女らは歩くというよりも、床の上を滑るようにして、幹部らに近付いていくと、それぞれが幹部一人一人の前に立ち、あろうことかその周りをぐるぐると回りながら、全身を舐めまわし始めた。顔や頭、腕、腹、あらゆるところをベロベロと舐めていく。だが、そんなことをされてもそれに気付く幹部は誰もいない。ふと横を見ると、少し離れたところに座っている他のクラブの男性部員だけが驚いたような顔で上体を上げて前を見ていた。恐らく彼には見えているのだろう。それから三十分ほどして、漸くお堂から解放される頃には、その白い老婆たちはお堂の隅を通って、闇の中へと消えていった。

高野山では、そのような出来事が日常的に起きているのかもしれない。

(宇津呂鹿太郎)

岩出市某アパート 無事故物件
クレーマーの気になる正体とは?

六十代男性清水さん(仮名)は岩出市で二階建ての小さなアパートを経営していた。彼自身もアパートの一階に住んでおり、住民から直接要望を伝えられることも少なくなかった。

ある日の朝、彼がいつものようにアパートの前を掃除しているとやつれた顔をした女性が声をかけてきた。

「二〇四号室の者なんですけど、最近部屋で頻繁に心霊現象が起こるんです。あの部屋事故物件でしょう。私聞かされてないですよ」

早口でまくし立てるように話す彼女に清水さんは呆気にとられた。彼は小さな声で否定するしかなかった。

「いや、そんなはずは……」

彼女は彼の言葉に被せるように主張を続けた。

「誰もいないはずなのに浴室の方からラップ音が聞こえたり、収納の扉がひとりでに開いて中にやせ細った男の子が座っていたり、どう考えても心霊現象でしょうよ」

清水さんは鬼のような形相で理屈の通らないクレームを入れる女に恐ろしさを感じた。彼はとにかく彼女をなだめるしかなかった。

「分かりました。確認しておきますから一度落ち着いてください。私が確かめますから」

彼女は多少気が済んだようで、どこかへ去っていった。

清水さんは合鍵を持ってすぐに二〇四号室の様子を見に行った。しかし、一目見ればわかるように、その部屋は何の問題もなかった。収納は閉まっていたし、子供もいなかった。ラップ音が聞こえることもなかった。


清水さんの話を聞いたあと、私は一つの仮説を立ててみた。

「そのアパートがいわくつきの建物ではないとしても、その土地自体に何か怪異の原因があるということはないでしょうか。例えば、そのアパートが建てられる前にその土地で何か凄惨な事件が起こったとか……」

清水さんは私の意見に一切耳を貸さなかった。彼は強い口調で主張した。

「あり得ません。心霊現象のクレームなんて入るはずありません」

彼の頑なな考えに圧倒されながらも、私は話を続けた。

「大家さんという立場でそういったことを認めづらいことも重々承知しますが、過去を遡ると実はなんてことも……」

しかし、彼は一向に意見を曲げなかった。

「だから、幽霊がいるなんてご意見いただくはずないんですって」

私は我慢できずに反論した。

「とはいっても、実際にその方は苦しんでらっしゃるんでしょう」

「そんなわけないんです。だって、二〇四号室にはそもそも誰も住んでないんですから」

（COCO）

和歌山県某所
見たことのない不思議な物体

肉吸い

南方熊楠の随筆『南方随筆』の中で、郵便脚夫が肉吸いという妖怪に遭った話が書かれている。肉吸いはその名の通り、暗闇の中で歯を立てて、ちゅうちゅうと肉を吸い取る化け物だそうだ。

立花勇樹さんは小学生の頃に、猫が肉吸いに襲われたところを見た事があるという。

ペットを飼う事を禁じられていた立花さんは、こっそり隠れて野良猫に餌をやっていた。

ある日の放課後、いつものように野良に餌を持っていくと、猫の首の周りに黒いべったりとした餅のようなものが引っ付いていた。

何だろうと手を伸ばして、触れると指先に強い痛みが走り思わず手を引っ込めた。

指先を見ると丸い形の傷がついていて、血が滲んでいた。

猫はいつもと変わらず、特に痛がってもいなかったので、何かよく分からなかったけれど、ともかく黒い餅を引きはがしたかったので手近にあった枝を拾って突いてみた。

しかし、手ごたえは無く、少し黒い餅のようなものに窪みがついただけだった。

翌日、餌を持っていつも猫がいた場所に行ってみると、その場所にあったのは干からびた目玉もなく、毛皮だけになっていた猫の姿だった。

毛皮の模様からして、いつも餌をやっていた猫に間違いはない。驚いた立花さんは、あの黒い餅のせいではないかと思い探し回ったが、黒い餅の痕跡は何もなかった。

立花さんは、いくら考えても、猫がどうしてこんな姿になったのか皆目分からなかったので、猫の死体を木の枝に巻き付けて学校の先生に見せるために持って行った。

すると先生はこれは「肉吸い」にやられたなと言って、学校内にある焼却炉で猫の死体を燃やしてしまった。

（田辺青蛙）

和歌山県内某所

風の強い日は…

びたびた

一時期家庭の事情で、和歌山県内にある親戚の寺に預けられていた事がある。

その寺に住んでいた時、山が鳴っているのではないかと思うくらい、風の音が煩い日があった。

夜になっても風は収まらず、ビュービューと吹き付け古い寺だったので、風の音だけでなくギシギシと木が鳴る音もして、なかなか寝付けなかった。

座敷に敷かれた布団の中で、天井の麦球のオレンジ色の灯りを眺めていると、祖母の弟が、祖母と誰かと隣の部屋で話している声がした。

「びたびたが来てるな」「そうだな」

「最近多いな」

その話を聞いて、びたびたって何だろうと思ううちに眠くなってきた。

風と家鳴りの音を聞きながら眠り、気が付くと朝になっていた。

朝食を済ませた後、私は本堂にいた祖母の弟に「びたびたって何?」と聞いた。

硝子障子が嵌め込まれた戸をピシャリと閉めると、祖母の弟がこう言った。

「山に飲まれた人が出ると来る者だ。山は人を飲む、飲むと乾くから人が来る。

びたびたは、バスが落ちて山で死人が出てから、時々この辺りでも見るようになった。

昨日も山の方におったらしいから、誰かが山に飲まれたんだ。だから、お前も山では死ぬな」

祖母の弟がいつもと違う人に見えて怖いと感じた。

寺にいると、祖母の弟が時々山に向かって読経している姿を見かける事があったのだが、それがびたびたと関係していたかどうかは分からない。

そんな彼は数年前に、鬼籍に入った。山の入り口で数珠を握りしめたまま亡くなっていたそうだ。


（田辺青蛙）

加太 黄金の船

何故？自宅の庭に落ちていたものは

和歌山県の加太に住んでいるNさんから聞いた話。

Nさんの庭先に、沢山の蜜柑が落ちていた。十や二十という単位でなく、何百という数の蜜柑が落ちて散らばっていたそうだ。

黄や橙の絨毯のようになった庭を見て、Nさんの奥さんは、気味が悪いから集めて捨てようと言ったそうなのだが、「毒が入っているわけでもないでしょうし、もったいないから少し食べてみたい。なあに腹の薬は用意してあるから大丈夫」と、Nさんは拾って部屋に持ち込んだ。

嵐で近くの木から落ちて転がって運ばれて来たか、誰かが悪戯で廃棄したのだろうと思い、皮にも傷が無かったのでNさんは早速剥いてたべた。

瑞々しい果肉から酸味と甘みの合わさった果汁が、口内に広がりとても美味しい蜜柑だったそうだ。

しかし、数があまりにも多かったので食べきれない分はホワイトリカーにでも漬けて蜜柑酒にでもしようかなと思いNさんは、拾った蜜柑を瓶に入れる前に焼酎で消毒する為に、庭に茣蓙を引いて並べた。

鳥が早速蜜柑を突こうと狙っていたので、上には筵を被せた。その作業ですっかり体が冷えてしまったNさんは部屋に戻り、手を擦り合わせながら炬燵の中に入って相撲中継を見ながら、茣蓙に並べきれなかった蜜柑を三つほど剥いて食べた。

果汁がじわりと体に染み入るようで、さっきよりも蜜柑は甘く美味く感じられた。

そして見ているのはNHKの筈なのに、中継が途中で終わりCMに切り替わった。

ざーざーっと波音ときらきら光った黄金で出来た船が画面の中央に浮かび、山のように蜜柑が船に乗っている。「うまい！　みかん！　みかんは！　きしゅう！」そう言うMCが入り、再び相撲中継が始まった。電波の混線だろうか。変なCMだったなとNさんは思いながら、炬燵の上に置いてあった蜜柑を手にとった。

そして皮を剥くと、果肉の間から小さな爪の大きさ程の魚の頭が出て来た。

Nさんはびっくりして、他の蜜柑も手に取って皮を剥いてみると、ぷちっと中の実の一つが爆ぜた。

海水と生ごみのような臭いが部屋に広がり、気持ち悪くなったNさんは庭の蜜柑をすべて集めて海に流した。

不法投棄では？　という私の問いに対して、Nさんは、どうして普通に捨てずに海に流そうと思ったのか自分でも分からないと答えた。

そこで、Nさんは自分が海に捨てた、波間で浮き沈みする蜜柑の間に、小さな金色の船を見たそうだ。

船はキラキラと日の光を受けて眩いばかりに輝き、蜜柑と共にどこかに流れて行った。


その夜、Nさんは幽霊と文字の書かれた船に、死装束を纏った男たちが乗っていて、鬼のような形相で蜜柑を手づかみで貪り喰う夢を見た。

男たちの形相が凄まじく、目が合った時には体が竦み、恐怖のあまり声を上げてしまったところで、目が覚めた。

汗だくで布団の中で目覚めたNさんは、夢で見た男達と一連の身に起こったことは、蜜柑を船で運んだことを切っ掛けに財を成した紀伊国屋門左衛門ではないかと思い至ったそうだ。

でも、蜜柑と船からの連想での思いつきで、そう感じただけで、そもそも何故そんな夢を見たのかも、奇妙な蜜柑が庭にあったことも説明がつかず、今もなんだか落ち着かない気持ちで日々を過ごしているという。


ちなみに、紀伊国屋門左衛門の数多くの逸話の中の一つ、蜜柑船の伝説だが、死を覚悟した船出だったので、実際に死装束を纏って乗船していたという。

ただそれも、天才商人の門左衛門が、当時の広告効果を狙ってのパフォーマンスだったという説もあるが、他にも何か理由があったのかも知れない。


（田辺青蛙）

高野山苅萱堂　人魚
恐怖！人魚のミイラは災いを呼ぶ？

小さかった頃に、親戚に高野山の麓にある「人魚のミイラ」が安置されているお堂に連れていかれたことがある。

人魚のミイラは、全長が六十センチ程の大きさで、歯を剥きだして丸い目を見開いた表情で、両の手は顔の脇にあり、あばら骨は浮き上がり、尾と背びれのついた不気味な姿をしていた。


人魚のミイラは、推古天皇が二十七年（六一九年）に近江国の蒲生川近くで捕らえた兄弟のうち一匹で、一体は願成寺に、もう一体は蒲生川を遡った日野で殺されてしまい、そして最後の一体が、私の見た高野山の麓のお堂の苅萱堂に安置されているミイラだという。

離れ離れになった他の兄弟が恋しいので、人魚のミイラは時折泣くのだと聞き、あまりにも、インパクトが強くミイラの姿を見たのは一度だけだったが今も強く頭に残っている。


当時、小さい人魚のミイラの指がガラスのケースの内側を引っ掻いているのを見たという話や、耳を近づけると地震や天災を予知する声を聞いたや、見ると若返るまたは年を取るという話を聞いた。

私が目にしたのは一度だけだけれど、あの日からずっと気になって仕方がない。


この話を某所でした後に、我が家に人魚のミイラが届いた。

元の持ち主は名古屋の人で、五十万円で購入したらしい。しかし、何らかの事情で半値で手放したそうだ。そして、次の人魚の持ち主となった私の知人は、人魚のミイラを手に入れてから、口には出来ない程の大変な目に立て続けにあったらしい。

そこで、私に無料でいいのでと全長90センチ程の人魚のミイラを送ってくれた。

今もその人魚のミイラは私の手元にある。

人魚は災いを呼ぶという説もあるのだが、私の身には何も起こっていない。

これから起こるのかも知れないけれど……それは分からない。


人魚の入ったケースはこの原稿を書いている私の文机の横で、何か言いたげな表情でぽっかりと空いた眼窩で天井を眺めている。

（田辺青蛙）

加太 釣り
釣り針にかかったものは

岸和田市に住むHさんから聞いた話。

夏に、知り合いと一緒に和歌山県の加太に釣りに行ったんですよ。

堤防から狙ってね、朝から粘っていたんですが、その日は全く釣れなかったですね。

夕方近くになって、知り合いの竿がぐうっとしなって、おっ、これは坊主は回避かなっと思ってたんですが、釣り針の先にかかっていたのは魚やなくってお雛様の首やったんです。

近くに淡島神社があって、三月三日になったら船に乗せて人形流しの供養とかされてるから、それが針に引っかかったんかなあって言いながら、髪がほつれてえらいことなってるお雛様の首を外そうとしたんです。

そうしたら、お雛様の口の端がくっと上がって、にたりと笑って見えたんです。

怖くなって釣り竿ごとその場に残して走って逃げました。

しばらくしてから、竿が惜しくなって堤防に戻ったんですけど、盗まれたんか、もうその場に竿は無かったんです。

今思ったらあの時お盆の時期やったから、釣りとか殺生は避けとけっていう警告やったんでしょうなあ。

（田辺青蛙）

雨の森　雨の日の怪奇

殺人現場で起こる不思議な出来事

二月にしては暖かい日の夜に開催された、オンライン怪談会で足立優文さんから聞いた話。

海南市に雨の森と言われる場所があって、戦前に森の近くで殺人事件があったそうです。

男女二名と、十六歳と十三歳、七歳と三歳の男児四名と十四歳と十歳の女児の二名、計六人の子供と成人二人を殺害した大量殺人事件で、犯人は良心の呵責に耐えかね、犯行後A新聞社に自首して逮捕されました。

そして、犯人は裁判で死刑が判決が下りました。

しかし、刑が確定した年にサンフランシスコ講和条約が、国会の承認を経て発効され、それが法務当局によって「国家的慶事」ということで恩赦が決定されました。その後、犯人は減刑が決定したことにより出獄したそうです。

犯人が出獄したという噂が出始めた頃から、雨の森で不思議なことが起こるようになりました。

例えば、森で亡くなった子どもの数と同じ、六つの火の玉が雨の日に浮かんでいたという人や、写真にそれらしきものが映るという人が今もいるって聞くようになったんです。

「おうどん、食べさして」という小さい子供の声が雨の日に重なって聞こえ、振り返ったが誰もいなかったとか、そういう話を聞くんです。

私も甥っ子と姪っ子と一緒に雨の森に行った時に、にわか雨が降って来たんで、雨宿り場所まで駆け足で子供の手を繋いで走って向かっていたら「いいなあ」って子供の声が真後ろから重なって聞こえて……なんだかとても悲しいというか、切ない気持ちになってしまいましたよ。

何年経っても、亡くなった人ってその場所から動けないんでしょうか。

足立さんが話し終えたのと同じタイミングで、ざあっと雨が降り始めた。


（田辺青蛙）

県経済センタービル　シミ

恐れおののく、あのカタチ

オンライン怪談会で、地元の和歌山市じゃ凄い有名な話なんですが……と、前置きされて、高橋友梨佳さんから聞いた話。

かなり前の話になるんですけど、和歌山市内にある県経済センタービルの壁に現れたシミが大きな話題になったんです。

最初はセンターの職員や、警備員がどう見ても、センタービル内の地下駐車場にあるシミが、子供を抱いた人の姿にしか見えないと噂にする程度だったんです。

でも、利用者の一般客の人達が「戦争で亡くなった母子が、成仏出来ずに壁に現れたんじゃないか」って話すようになって。

しかもそういう噂が出るようになってからシミが日に日に濃くなりだしたんです。

それは理由があって、センタービルの駐車場があった場所で、空襲で七四十八名の方が亡くなり、殆どの方が焼死でご遺体はセンタービルのあった場所で合同埋葬されたんです。

その中のご遺体に、黒焦げになっても子供をしっかりと抱いたお母さんの姿があったらしくって……。

　シミはその後、濃くなるだけじゃなくって、その形のまま大きくなっていって……地方紙やテレビでも地元では大きく報道されていました。

　シミが濃くなって大きくなる姿を見て、何かを感じたのか、当時の県経済センターの管理者が、近くの寺から住職を招いてお経を読んで貰うことを決定したんです。

　そして、関係者が見守る中、呼ばれた住職が読経を始めると、あんなに濃かったシミが
　薄くなり、最後にすぅっと壁に吸い込まれるように消えたんです。

　当時の新聞でも、その事は大きく載ったんで昭和五十年代のセンタービルの話と言うと「ああっ！」って思い出す人は多いです。

　地元じゃ本当に有名な話なんですが、最近は知らない人もいるらしいのと、県外だと全然知られてないっていうので……今日話してみました。

　シミが消えた後も、あの場所の付近では子供の悲鳴や「あついよぅ……」って小さな声が聞こえたって噂があって、私も一度だけ実は聞いたことがあるんです。

（田辺青蛙）

■有田郡

湯浅町の某公園

過去に自殺をした人がいる公園。地元では心霊スポットとして有名。また、本物のD51機関車が展示されていることから、観光地としても有名。この公園は、夜になると不気味な空気が漂い始める。公衆トイレや機関車の周囲では、誰もいないのに人の視線や気配を感じる、などの心霊現象が多数報告されている。近づくと気分が悪くなる人もいれば異臭を感じる人もいる、とインターネットに書き込まれている。

■岩出市

押川県道63号線のトンネル

このトンネルは1999年に封鎖されている。以前、ある人が友人たちとトンネル内を探索していたところ、いつのまにか一緒にいる人の数が増えていた。しかしその時は何故かだれもなんとも思わなかった。帰り道、そういえばあいつは誰だったんだという話になったが、誰の知り合いでもなく、トンネル手前で全員で撮った集合写真にもその人は写っていなかったそうである。また、トンネルがまだ使われていた頃、ある人がトンネル内で、アクセルを踏む力を変えていないのにスピードがどんどん加速していき、アクセルから足を離したがそれでもスピードは落ちず、慌ててブレーキを踏んだところ止まり、事故には至らなかったとのこと。大きな事故や事件があったという話は聞かないが、何となく不気味な場所である、とインターネットには書かれている。

■紀の川市

西山田のあるはずのないトンネル

紀の川市の山奥に、本来はあるはずのないトンネルが突如現れる、といった噂がある。

温泉旅行のため一人でこの地を訪れた観光客が車で旅館に向かう途中、古いトンネルに入った。しかしそのトンネルは、どんなに進んでも出口に辿り着かない。何かおかしいと思い引き返そうとしたが、トンネルの道幅は狭くUターンもできず進み続けるしかなかった。トンネルに入ってからすでに十分以上が経過していた。すると突然トンネルの壁が崩れ頭上から岩が落下してきて、そこからの記憶がない。気がつくと車は森の中に止まっていて、後ろを振り返ってみてもトンネルはどこにもない。途中気を失ったのか気絶したのかわからないがとにかく無事で事故を起こさず怪我もなかったことにほっとして、そのまま運転を続け旅館に到着した。

彼は、旅館の女将にトンネルでの出来事を話したところ、女将は、この辺りにはそんな古くて長いトンネルはない、と言う。和歌山県の山奥で古いトンネルがあったら、入らずに引き返したほうがいい。二度とこの世には戻れなくなるかもしれない、とインターネットに書き込まれている。

西山田の倉谷温泉

1970年代頃までは営業していたが、現在は廃墟となっている温泉旅館。オーナーが自殺したとの噂があり、心霊スポットになっている。廃墟化してからは刃物を持った浮浪者が住み着いていて、肝試しに訪れる者を刃物で追い払うという事件もあった。厨房には生ゴミが放置されていたため、しばらくは悪臭がひどかったらしい。オーナーの霊を見たという噂もある、とインターネットには書き込まれている。

■田辺市

中辺路町の某隧道《すいどう》

ここは、昔はトンネルだった場所である。ここには白い服を着て白い傘を差した女性の霊が出没するという噂がある。白っぽい服を着た幽霊というのは定番だが、白い傘を差した幽霊は珍しいらしい。なぜ傘を差しているのか理由はわかっていないが、もしかしたら生前によく日傘を差していたのかもしれないとインターネットには書き込まれている。現在は、トンネルの入口は金網で封鎖されているようである。

■西牟婁郡

白浜町の海碧

昔、若い男女が口紅で岩に遺書を書き、崖から海に飛び込み自殺した。それ以来、この場所では毎年十人以上の自殺体が発見される。自殺者は皆、心中した男女と同様に岩に口紅で遺書を書いている。その岩から先は手すりも柵もなく、亡霊が自殺志願者を高い崖から水底へと誘っている、とインターネットに書き込まれている。

白浜町のブラックビル

そのビルは、白浜空港の近くにある廃墟ビルである。ホテルを建設する予定だったが資金不足により工事は中止、撤去されることもなくそのまま廃墟として残っている。工事の途中に事故があり作業員が4人亡くなっているらしい。経年劣化で外観は黒く汚れ、まさにブラックビルである。不気味な雰囲気の異様な雰囲気は、この場所がただの廃墟ではないことを物語っている。ビル内部を探索した人が誰かに足を掴まれたり、停めていた車のフロントガラスに「たすけて」と血のように赤い文字で書かれていたことがあり、さらにその文字は車の中から書かれていた、とインターネットには書き込まれている。

白浜町才野のトンネル

トンネル内の壁に張り付いた霊を目撃した人が多数いる。また、ここで写真を撮ると無数のオーブや顔のようなのが写り込むらしい。さらに写真に何かが写り込んだ場合、しばらくすると大怪我をするなど不幸な出来事に見舞われる、とインターネットに書き込まれている。

白浜町の某トンネル

新しいトンネルが開通したことによりあまり使われることがなくなった、全長100メートルにも満たない短いトンネル。ツルハシや石ノミで掘られた手掘りトンネルで、何かが起きそうな不気味な雰囲気がある。トンネル内でエンジンを切ると二度とエンジンがかからなくなるという噂がインターネットに書き込まれている。

■日高郡

印南町の国道

ここは転落死亡事故が多く発生していることから、日本三大酷道などといわれることがある。転落事故で亡くなったと思われる人の人影の目撃情報が多数寄せられている。ほかにも崖の下の方から視線を感じたり、死者が崖の下に突き落とそうとしているといった噂がある。

日高町の某トンネル

テレビ番組などでも取り上げられることの多い、和歌山県の心霊スポット。中でも首なしライダーが有名で、度々目撃されている。その正体は殉職した白バイ隊員の霊といわれていて、その隊員を供養するための慰霊碑も建っている。

また、白い服の女性の霊や幽霊車の目撃情報もある。その幽霊車は近づいてくるまでは普通の車のように見えるが、すれ違ってバックミラーを見てみると姿を消しているらしい。すれ違う瞬間、車内から青白い男女がこちらを見ていて、もし目を合わせてしまった場合Uターンして後を付いてくる、とインターネットに書き込まれている。

■和歌山市

秋葉町の秋葉山公園と秋葉山隧道

秋葉山公園にある県民水泳場辺りに、以前御坊池という池があった。昭和三十年代、この池にプールを作る計画が持ち上がり、調査のため池の水をさらったところ、千体を超える大量の人骨や無数の武具、刀や槍、折れた矢などが発見された。鑑定の結果、これらは約４００年前、織田信長軍によって惨殺された、雑賀衆（鉄砲隊・地侍の集団のひとつ）の残骸であることがわかった。石山本願寺を責めていた信長軍は、熱心な教徒である雑賀衆に再三撃破され、多大な損害を受けていた。これに激怒した信長は総勢十万もの大軍で秋葉山の雑賀衆の本拠地を急襲し、女子供を含め一万人以上を惨殺した。信長軍に惨殺された武士や子供の霊が、このあたりを未だに彷徨っている。

秋葉山隧道でも、掘削した際多数の人骨が見つかったという噂がある。

西浜にある山の上の展望台

標高136メートルの山にある展望台。展望台からは和歌山市内が見渡せ、夜景の絶景スポットとして知られる。高度成長期の1960年代〜1970年代にかけて、この辺りにある温泉は観光地として栄え、この山にはかつてふもとと山頂を結ぶロープウェイがあったらしい。山頂には遊園地もあり、360度回る回転展望台とレストラン、小動物園、遊具などがあった。しかしバブル崩壊以降客足が伸びず、山頂の遊園地や回転展望台は1990年代に解体、現在は回転展望台跡地に展望台が作られている。遊園地が解体された後、高津子山ではよく首吊り自殺があったといわれ、展望台付近に自殺者の霊が出るという噂がある。ネットにはこんな書き込みがある。あるカップルが夜景を見るため展望台まで上ったところ、突然スマホの調子が悪くなり写真が撮れなくなった。写真は諦め展望台から降りて帰ろうとした時、目の前の草むらに黒い人影があった。その黒い影はうめき声を発しながら近づいて来たので、二人とも驚愕して山を駆け下りたらしい。

西汀丁の汀公園

昭和二十年、戦争中この公園で748人がアメリカ空軍の攻撃を受け亡くなった。オフィス街にひっそりと佇む公園である。供養塔付近はそれほど霊気らしいものは感じないらしい。しかしブランコのまわりや、某ビル側のフェンスのあたりは異様な空気が漂っている。なんともいえない感覚が体を襲うはずで、気になる人は一度行ってみるといいとインターネットには書き込まれている。

雑賀崎のホテルT

2013年に営業をやめ、現在は廃墟となっているホテル。隣には有名なレトロ廃墟があるためあまり話題にはあがらないが少しずつ心霊スポットとしての人気を集めている。

廃業からあまり時間が経っていないため心霊現象などの情報は少ないが、私の知り合いが屋上に人が立っているのを目撃している。

雑賀崎の旅館

廃墟マニアのあいだでは有名な廃墟旅館。

営業している間も清掃など主人が一人で行っていたため清掃などが行き届かず、営業中なのに廃墟と勘違いされることもあった。肝試しに宿泊する客も多かったようである。

その主人が亡くなり旅館も廃業した。何か事件や事故が起きた訳ではなさそうだが、その旅館に泊まると、体が重くなったり気分が悪くなるなどの報告がインターネットに寄せられている。

雑賀崎のT遊園

この遊園地は廃墟スポットとしても非常に有名である。『探偵ナイトスクープ』で取り上げられたことでさらに知名度が上がった。その遊園地から、近くの海の海岸へ下りることができるのだが、その途中で様々な心霊現象があるという。人の視線や気配を感じることがあるそうだ。それは廃墟であることだけが原因ではなく、この一帯が豊臣秀吉の紀州征伐の後に廃城となった雑賀崎城があったことも関係しているのではないだろうか、とインターネットには書き込まれている。

関西怖い街研究会

関西の怖い話について、昼夜、研究、執筆している。

関西怖い街研究会
執筆者一覧（あいうえお順）

愛葉るび
（あいば・るび）
2002年お菓子系グラビアアイドルとしてデビュー。女優・オカルトタレント・歌手。DVD「都市伝説解剖シリーズ」「実録！ 心霊スポット」等、心霊スポット一人潜入ロケ作品多数。「噂の深層プロファイリング」MC。共著作『東京の怖い話』（興陽館）。

宇津呂鹿太郎
（うつろ・しかたろう）
怪談作家。NPO法人宇津呂怪談事務所所長。怪異な体験談を取材し、書籍化しつつ、怪談ライブで語りにより披露する。百円で怪談を買い取る店「怪談売買所」の企画は、その奇抜な内容から各種メディアで大きく取り上げられた。著書に『怪談売買録 死季』（竹書房）等、DVDに『怪奇蒐集者 宇津呂鹿太郎』（楽創舎）等がある。

COCO
（ここ）
京都府出身。怪談師。ホラープランナー。「怪談専門のお店 京都怪談商店」代表。「ホラー喫茶 シェフのいないレストラン」監修。「京都怪談 猿の聲」共著。「稲川淳二の怪談グランプリ2022」出場。日本全国の心霊スポットを450ヶ所以上探索し、事故物件に住む生粋のオカルトマニア。ＴｉｋＴｏｋのフォロワー数は21万人。ＳＮＳの総フォロワー数は30万人を超える。

三輪チサ
（みわ・ちさ）

怪談作家。「ひらかた怪談サークル」主催。大阪府在住。
『死者はバスに乗って』『京都怪談　猿の聲』、ＤＶＤ『怪奇蒐集者（コレクター）』などがある。

田辺青蛙
（たなべ・せいあ）

１９８２年生まれ。大阪市在住。ニュージーランドのオークランド工科大学卒業。
２００６年ビーケーワン怪談大賞で「薫糖」が佳作となり、『てのひら怪談』に5作品が収録される。
２００８年日本ホラー小説大賞短編賞を「生き屏風」で受賞。同作で角川ホラー文庫でデビュー。

桜木ピロコ
（さくらぎ・ぴろこ）

作家。コラムニスト。『肉食系女子の恋愛学』（徳間書店）を上梓。社会現象を巻き起こす。『怖い村の話』『シン・都市伝説大全』（宝島社）等、著書多数。ホラー漫画誌に連載もしている。
共著作『東京の怖い話』（興陽館）。

渡辺裕薫
（わたなべ・ひろしげ）

１９６７年11月3日、ニューヨーク生まれ。１９８９年、松井成行と漫才コンビ【シンデレラエキスプレス】を結成し、松竹芸能に所属。２００９年『第44回　上方漫才大賞《奨励賞》』受賞。怪談語りでは全国大会『怪談王』で２０１９年から３連覇して殿堂入り。ＹｏｕＴｕｂｅ『渡辺裕薫の怪談語り』も開設。

初出

「ぶちぶち」
（初出『瞬殺怪談死地』竹書房怪談文庫）

「丑の刻参り」
（初出『幻冬舎 WebPlus』）

「天六ガス爆発」
（初出『大阪怪談』竹書房怪談文庫）

「四天王寺の石」
（初出『関西怪談』竹書房怪談文庫）

「牛女」
（初出『瞬殺怪談死地』竹書房怪談文庫）

「シガイの森」
（初出『瞬殺怪談死地』竹書房怪談文庫）

「肉吸い」
（初出『瞬殺怪談死地』竹書房怪談文庫）

「びたびた」
（初出『瞬殺怪談死地』竹書房怪談文庫）

「釣り」
（初出『瞬殺怪談死地』竹書房怪談文庫）

「雨の森」
（初出『瞬殺怪談死地』竹書房怪談文庫）

「シミ」
（初出『瞬殺怪談死地』竹書房怪談文庫）

関西《かんさい》の怖《こわ》い街《まち》

京都・大阪・兵庫・奈良・滋賀・和歌山のこわい話

2023年1月15日 初版第1刷発行

著　　者　関《かん》西《さい》怖《こわ》い街《まち》研《けん》究《きゅう》会《かい》

発 行 者　**笹田大治**
発 行 所　**株式会社興陽館**
〒113-0024　東京都文京区西片 1-17-8 KSビル
TEL 03-5840-7820　FAX 03-5840-7954
URL：https://www.koyokan.co.jp
装　　丁　中田舞子
校　　正　結城靖博
編集協力　稲垣園子
編集補助　飯島和歌子　伊藤桂
編 集 人　本田道生

印　　刷　恵友印刷株式会社
D T P　有限会社天龍社
製　　本　ナショナル製本協同組合

ISBN978-4-87723-304-4 C0095